D1308325

> OBJECTIF

Anne-Lyse DUBOIS, Béatrice TAUZIN

EXPRESS 2

LE MONDE PROFESSIONNEL EN FRANÇAIS

hachette

FRANÇAIS LANGUE ÉTRANGÈRE

www.hachettefle.fr

Crédits photographiques

• **Couverture – Getty Images :** (haut droite) Lonely Planet, (milieu gauche) Stones, (milieu droite) Photonica, (bas gauche) Lifesize, (bas droite) Riser.

• **Intérieur**

AFP : p. 40 (haut) Junko Kimura – p. 43 Junko Kimura – p. 136 (haut) Cory Ryan – p. 138 Cory Ryan. **Agefotostock :** p. 8 (haut) Yuri Arcurs – p. 23 Yuri Arcurs. **Corbis :** pp. 8-9 (fond) G.Baden/Zefa – p. 10 – p. 12 G. Baden/Zefa – p. 33 Vincent Mo/Zefa – p. 80 (*Rumyati*) Don Mason/Corbis – p. 112 (milieu) Philippe Giraud/Sygma. **Gamma :** p. 32. **Getty Images :** p. 14 Digital Vision – p. 24 (haut) Photographer's Choice, (bas) Blend Images – p. 28 (*Nathalie*) Photodisc, (*Pascal*) Johner Bildbyra AB, (*Catherine*) Photodisc, (*Ken*) Stone – p. 30 Photgrapher's Choice – p. 31 Blend Images – p. 48 Stock 4 B Creative – pp. 56-57 (fond) Iconica, (haut) Stockbyte Silver, (bas) Aurora – p. 60 Stockbyte Silver – p. 72 (haut) Stone – p. 74 (bas) Digital Visions – p. 78 Peter Scholey – p. 80 (*Philippe*) Digital Visions, (*Nabila*) Riser, (*Dialo*) George Shelley – p. 93 Digital Visions – p. 96 Taxi – p. 104 (bas) Digital Visions – p. 113 Digital Visions – pp. 120-121 (fond) Photo Alto, (haut) Altrendo, (bas) Ojo Images – p. 122 Alto – p. 126 Digital Visions – p. 128 (haut) Altrendo, (bas) Image Bank – pp. 136-137 (fond) Image Bank, (bas) Blend Images – p. 142 Blend Images – p. 144 Image Bank – pp. 152-153 (fond) Blend Images, (haut) Cultura, (bas) Life size – p. 157 Taxi – p. 158 Cultura – p. 160 Blend Images – p. 167 Life size. **Maxppp :** p. 46 Bertrand Bechard – p. 47 Photopqr/ Le télégramme/Claude Prigent – pp. 72-73 (fond) J. F. Bianchetto – p. 74 (haut) J. F. Bianchetto – p. 95 Photopqr/La Montagne/Thierry Lindauer – pp. 104-105 (fond) Photopqr/La Dépêche du Midi/David Becus – p. 112 (bas) Photopqr/La Dépêche du Midi/David Becus. **Notté Florence :** p. 87. **Oredia :** p. 8 (bas) Richard Lajusticia – p. 11 Richard Lajusticia – p. 13 Juicy Images. **Photononsop :** p. 72 (bas) Age. **REA :** pp. 40-41 (fond) Patrick Allard, (bas) Gilles Rolle/Emirats – p. 42 Patrick Allard – p. 44 Gilles Rolle/Emirats – pp. 88-89 (fond, bas) Ian Hanning – p. 92 Ian Hanning. **Sunset :** p. 140 Rex Interstock. **Tauzin Béatrice :** pp. 24-25 (fond) – p. 26 – p. 88 (haut) – p. 94 – p. 104 (haut) – p. 108 – p. 110.

p. 44 : Air France, British Airways, Cathay Pacific, Lufthansa, Malaysia Airlines.

p. 55 : (haut) Lufthansa – (bas gauche) © Rio Grande Paris / photo F. Chapotat – (bas droite) Ministère de l'Écologie, de l'Énergie, du Développement durable et de l'Aménagement du territoire.

p. 62 : (haut) Laure Bonduelle (*portrait d'Hélène de la Moureyre*), Jeanne-Rose (*sacs*) – (bas) Antoine Le Grand (*portrait de Karine Rodriguez*), Émeric Creuse (*bijoux*).

p. 71 : Écolabels (*français et européen*) : AFNOR – Agriculture biologique (*logos français et européen*) : www.agence-bio.org – « Ange Bleu » (*Allemagne*) : www.blauer-engel.de – « Nordic Ecolabel » (*Cygne blanc*) : www.svanen.nu – « EcoLogo » (*Canada*) : TerraChoice Environmental Marketing Inc. – Label du commerce équitable : Max Havelaar France 2008 – Logos produits recyclables : Ademe.

Avec la collaboration de **Nathalie Gillet** pour la rédaction de la rubrique *Prononcez*.

L'éditeur remercie pour l'avoir autorisé à reproduire gracieusement leurs documents : Air France, British Airways, Cathay Pacific, Lufthansa, Malaysia Airlines, les chaussures Bowen, et les organismes certifiant les écolabels officiels.

Cartographie : Hachette Éducation
Couverture : Sophie Fournier – Amarante
Création de documents et graphiques : Marion Fernagut
Création maquette intérieure : Véronique Lefebvre
Iconographie : Brigitte Hammond, Valérie Louart
Illustrations : Jean-Marie Renard
Mise en pages : Marion Fernagut
Édition : Anne Bancilhon

ISBN 978-2-01-155009-0
© HACHETTE LIVRE, 2009 – 43, quai de Grenelle, 75905 Paris Cedex 15, France.

Tous droits de traduction, de reproduction et d'adaptation réservés pour tous pays.

Le code de la propriété intellectuelle n'autorisant, aux termes des articles L.122-4 et L.122-5, d'une part, que « les copies ou reproductions strictement réservées à l'usage privé du copiste et non destinées à une utilisation collective » et, d'autre part, que « les analyses et les courtes citations » dans un but d'exemple et d'illustration, « toute représentation ou reproduction intégrale ou partielle, faite sans le consentement de l'auteur ou de ses ayants droit ou ayants cause, est illicite ». Cette représentation ou reproduction, par quelque procédé que ce soit, sans autorisation de l'éditeur ou du Centre français de l'exploitation du droit de copie (20, rue des Grands-Augustins, 75006 Paris), constituerait donc une contrefaçon sanctionnée par les articles 425 et suivants du Code pénal.

Avant-propos

Objectif Express est un cours intensif sur deux niveaux pour un public d'adultes débutants (et faux débutants) en **situation professionnelle** ou en **préparation à la vie active**. C'est une méthode conçue pour répondre à des besoins immédiats et urgents d'apprentissage du français. Ce **niveau 2** fait suite à **Objectif Express 1** qui couvre les niveaux A1 et A2 du **CECR** (Cadre européen commun de référence) ; il correspond à la **fin du niveau A2** et au **niveau B1**.

Sa finalité est de rendre l'apprenant capable d'agir et de réagir en français dans des situations variées du monde professionnel, par la réalisation de tâches diverses.

L'accent est mis sur :
• un **apprentissage rapide**, efficace, et économe de la langue ;
• une approche de type actionnel, faisant travailler de façon équilibrée les **quatre compétences** ;
• des **savoir-faire transversaux**, qui recouvrent un champ de langue commun à l'ensemble du monde du travail ;
• des situations ancrées dans la **réalité socio-économique** de l'entreprise (participer à une réunion, exposer un projet, demander ou proposer une solution...) ;
• une **progression linguistique** solide ;
• des activités de **phonétique** et de **prosodie** ;
• des **repères culturels et professionnels** développés et riches, qui proposent :
– des savoir-faire professionnels, sous forme de fiches concernant des documents d'entreprise,
– des savoir-faire socioculturels,
– des savoirs être comportementaux ;
• une **auto-évaluation** des acquis en fin d'unité.

Organisé en **dix unités** de seize pages, **Objectif Express 2** propose :
– 1 double page d'ouverture présentant la thématique, les objectifs et les contenus langagiers de l'unité,
– 4 doubles pages pour introduire et travailler **quatre documents** (A, B, C, D),
– 2 pages d'**outils linguistiques** (4 à 6 points sous forme de tableaux),
– 1 page d'**exercices d'entraînement** et de systématisation,
– 1 page **« Testez-vous »**,
– 1 double page de **repères professionnels et culturels**.

En fin d'ouvrage les transcriptions et le corrigé des pages « Testez-vous », un **mémento des actes de parole**, un précis de conjugaison et un lexique multilingue complètent les ressources offertes aux apprenants.

Un CAHIER D'ACTIVITÉS accompagne le manuel, pour renforcer la systématisation et la fixation des apprentissages et proposer un portfolio.

Des bilans complémentaires, enregistrés sur les deux **CD audio pour la classe** figurent dans le GUIDE PÉDAGOGIQUE.

Par la richesse, la variété et le pragmatisme de ses contenus, **Objectif Express 2** prépare efficacement au **DFP B1** de la Chambre de commerce et d'industrie de Paris.

Guilhène Maratier-Decléty
Directrice des relations internationales de l'Enseignement
Chambre de commerce et d'industrie de Paris

COMPÉTENCES PRAGMATIQUES Pour être capable :	PRONONCIATION / PHONÉTIQUE Prononcez	REPÈRES PROFESSIONNELS REPÈRES CULTURELS
• d'échanger à propos de tâches professionnelles • d'accueillir un nouveau venu et de faire des présentations • de participer à une conversation informelle sur les événements de la vie quotidienne • de conseiller quelqu'un	• Intonation montante et descendante dans les questions	• Repères professionnels – Les congés en France – C'est la rentrée • Repères culturels Manières d'être : – Comment saluer ? – *Tu* ou *Vous* ?
• de participer de manière simple et ponctuelle à une réunion sur un plan d'action • d'échanger sur des conditions de travail • de discuter d'un projet	• Le son [s] : – le « x » final avec *six* et *dix* – la distinction imparfait / conditionnel	• Repères culturels – Travailler en France – Expatriés : les pays préférés des Français • Repères professionnels – Le bulletin de paie des Français
• d'échanger à propos d'un appareil usuel (ordinateur, téléphone...) • de décrire et de vanter un service • de présenter un livre / un dossier pour le recommander • de faire une fiche descriptive simple d'un produit en insistant sur ses points forts	• La liaison. • Les quatre consonnes qui changent de son avec la liaison : – s, x, d, f.	• Repères professionnels – Comment remplir un document : le bon de commande • Repères culturels – Publicité et culture(s) – Stop pub !
• de rédiger une charte simple sur un comportement à suivre • d'échanger de manière simple à propos d'une action envisagée / d'un fait de société • de laisser un message sur une boîte vocale • d'informer ou vous informer sur une destination touristique / une région afin d'organiser un voyage	• Le rythme dans la phrase	• Repères professionnels : – Comment bien communiquer au téléphone • Repères culturels – De l'éthique dans les affaires : les écolabels
• de réagir à un à problème • de rédiger un courriel formel (demande de renseignements et réponses) • de rendre compte oralement et brièvement d'une mission • de raconter brièvement un parcours professionnel et faire part de motivations	• Distinction des nasales : – les sons [ɛ̃], [ɑ̃], [ɔ̃]	• Repères professionnels – Bien rédiger ses courriels professionnels • Repères culturels – Comment réussir un premier contact

COMPÉTENCES PRAGMATIQUES Pour être capable :	PRONONCIATION / PHONÉTIQUE Prononcez	REPÈRES CULTURELS REPÈRES PROFESSIONNELS
• de rédiger une invitation à un événement professionnel • d'échanger à propos d'un événement professionnel et de son organisation • de faire un discours simple de remerciement • de faire un compte rendu oral simple d'une rencontre et des échanges qui ont suivi • de rédiger une note brève pour indiquer des dispositions et leurs conséquences	• L'intonation avec les expressions de joie, d'émotion, de tristesse et de surprise	• Repères professionnels – Comment rédiger une note d'information ou de service • Repères culturels – Une invitation par des Français
• de rédiger une lettre de réclamation • de répondre à des lettres de réclamation • d'interagir lors d'une situation de réclamation ou de litige	• L'intonation avec les expressions de colère, de déception et de refus	• Repères professionnels – Comment présenter une lettre commerciale • Repères culturels – Joindre le geste à la parole
• de comprendre et réagir lors d'une réunion • de comprendre des articles et des interviews sur des sujets économiques simples • de collaborer à l'élaboration d'un dossier / d'un journal d'entreprise • de rédiger une lettre / un courriel pour donner votre avis	• L'enchaînement vocalique	• Repères culturels – La réunion : une exception française ? • Repères professionnels : – Comment rédiger un compte rendu de réunion
• d'échanger à propos d'un conflit social • de participer à une discussion ou à un débat • d'échanger à propos d'une démission • de fournir des explications détaillées	• L'enchaînement consonantique	• Repères professionnels – La représentation des salariés dans les entreprises françaises – Les conflits collectifs du travail et les grèves • Repères culturels – Une affaire de malentendus
• de faire un bilan d'activité succinct • de faire un rapport succinct en pointant des dysfonctionnements • d'interagir lors d'un entretien annuel d'évaluation • d'échanger à propos d'une formation	• La prononciation de *tout, toute, tous, toutes* • Le [ə] muet (caduc)	• Repères professionnels – Les principales formes juridiques des entreprises françaises • Repères culturels – L'entretien d'évaluation

UNITÉ 1 UNE RENTRÉE CHARGÉE

Vous allez vous entraîner à :
- demander et donner des nouvelles
- décrire des tâches à faire
- raconter vos vacances
- saluer
- souhaiter la bienvenue à quelqu'un
- interpeller / attirer l'attention de quelqu'un
- accepter ou refuser une proposition
- présenter une personne
- demander des explications sur un événement
- suggérer une action à faire
- décrire un fait survenu dans la vie
- donner des conseils
- parler d'un état physique ou mental

Vous allez utiliser :
- le présent de l'indicatif (révision des différents emplois)
- le présent continu
- l'imparfait d'habitude
- le passé composé et l'imparfait dans le récit
- les pronoms possessifs
- les pronoms personnels
- l'impératif

Pour être capable :
- d'échanger à propos de tâches professionnelles
- d'accueillir un nouveau venu et de faire des présentations
- de participer à une conversation informelle sur les événements de la vie quotidienne
- de conseiller quelqu'un

A2

A Retour de vacances

1. ÉCOUTEZ LE DIALOGUE

Jacques : Ah, Cathy ! Tu es revenue de vacances ? Ça s'est bien passé ?

Cathy Ferniot : Ah, salut Jacques ! Super ! Nous sommes allés dans un club de vacances en Espagne avec les enfants. Et toi, comment vas-tu ? Tu as passé de bonnes vacances ?

Jacques : Moi, je suis en pleine forme. J'ai fait un stage de plongée à Bali. La reprise n'est pas trop difficile ?

Cathy Ferniot : Si, toujours un peu après les vacances. Entre les courses, la rentrée des classes et le boulot, je n'arrête pas. Bon, alors, je termine le classement des dossiers en retard et j'ai bientôt fini.
À propos, Nathalie est rentrée ?

Jacques : Non, elle revient la semaine prochaine, mais elle est passée hier pour voir son planning. Tous les jours, je réponds à ses courriels et depuis hier, je reçois ses clients. Je suis débordé.
Au fait, est-ce que tu as rencontré le nouveau stagiaire ? Il est espagnol, et il est très sympa.

Cathy Ferniot : Non pas encore. Il est où ?

Jacques : Il est en train de faire le tour des services.

2. VÉRIFIEZ VOTRE COMPRÉHENSION

Lisez les affirmations et dites si c'est « vrai », « faux » ou si « on ne sait pas » (?).

	Vrai	Faux	?
1. Jacques et Cathy sont des collègues de travail.			
2. Cathy a passé des vacances seule.			
3. Jacques a fait du sport pendant ses vacances.			
4. Jacques a passé des vacances en Espagne.			
5. Cathy a beaucoup de travail.			
6. Cathy a trois enfants.			
7. Cathy connaît le stagiaire.			
8. Le stagiaire visite l'entreprise.			

3. RETENEZ

Pour demander des nouvelles :
Ça s'est bien passé ?

Comment se sont passées tes / vos vacances ?
Tu as (vous avez) passé de bonnes vacances ?

La reprise n'est pas trop difficile ?
Et toi, comment vas-tu ?
Comment allez-vous ?
Ça va ?

Pour donner des nouvelles :
Oui, très bien.
Non, pas très bien. / Non, pas vraiment.
Super. / C'était super. / Pas terrible.

Si, toujours un peu. / Non, ça va. / Si, très.
Ça va bien. / Très bien.
Je suis en pleine forme.
Je suis débordé(e).
Je n'arrête pas.

Pour décrire des tâches à faire :
J'ai du boulot (terme familier = travail).
Je réponds aux courriels (les Français utilisent souvent l'anglicisme « mail »).
Je termine le classement des dossiers.
Je reçois les clients.
Il fait le tour des services.

Pour raconter ses vacances :
Nous sommes allés dans un club de vacances.
J'ai fait un stage de plongée.

> ### LE VOCABULAIRE
> boulot (n. m.)
> classement (n. m.)
> course (n. f.)
> dossier (n. m.)
> reprise (n. f.)
> service (n. m.)
> stage (n. m.)
> stagiaire (n. m./f.)

4. COMMUNIQUEZ

1. Retour de vacances.
C'est la rentrée. Un(e) collègue ou un(e) ami(e) rentre de vacances. Vous demandez des nouvelles. Jouez la situation à deux.

Rôle 1	Rôle 2
Un(e) collègue / un(e) ami(e)	Vous

2. Un courriel de rentrée.
Vous rentrez de vacances. Vous écrivez un courriel à un(e) collègue ou un(e) ami(e).
> **Vous dites comment se sont passées les vacances, où vous étiez.**
> **Vous parlez de la rentrée.**

B Bienvenue

1. ÉCOUTEZ LE DIALOGUE

 Jacques :   Excusez-moi, Carlos. Ma collègue voudrait faire votre connaissance. Est-ce que je peux vous présenter ?

Carlos Torres :   Bien sûr.

....

Jacques :   Cathy, tu ne connais pas Carlos Torres, je crois. Carlos, je vous présente madame Ferniot, notre chef de projet. Elle est votre responsable de stage.

Cathy Ferniot :   Bonjour, Carlos. Ravie de vous connaître.

Carlos Torres :   Bonjour, madame. Moi de même. Je suis très heureux de faire votre connaissance.

Cathy Ferniot :   C'est votre premier séjour en France ?

Carlos Torres :   Non. Je suis déjà venu en vacances avec mes parents. Je voudrais perfectionner mon français et j'ai eu la chance de trouver ce stage. Je dois passer un semestre à l'étranger, pour mes études.

Cathy Ferniot :   Alors, bienvenue chez *Tectoma*. Je vous montre votre bureau ?

Carlos Torres :   Avec plaisir.

Cathy Ferniot :   Voici le vôtre. Le mien est juste à côté. Allons prendre un café. Vous venez ?

Carlos Torres :   Je suis désolé, mais le directeur des ressources humaines m'attend.

Cathy Ferniot :   Je comprends. À tout à l'heure, alors ?

2. VÉRIFIEZ VOTRE COMPRÉHENSION ?

Cochez la bonne réponse.

1. Carlos Torres :
a) a déjà fait un stage en France. ❑
b) a travaillé six mois à l'étranger. ❑
c) doit effectuer un stage de six mois. ❑

2. Cathy Ferniot :
a) a déjà rencontré Carlos. ❑
b) doit former Carlos. ❑
c) est la supérieure hiérarchique de Jacques. ❑

3. Cathy Ferniot et Carlos Torres :
a) ont le même bureau. ❑
b) boivent un café ensemble. ❑
c) vont se revoir plus tard. ❑

3. RETENEZ

Pour saluer :

Informel
Salut, Jacques.

Formel

Bonjour, — madame.
— mademoiselle.
— monsieur.

Ravi(e) de vous connaître.
Très heureux (heureuse) de faire votre connaissance.

Pour interpeller / attirer l'attention de quelqu'un :

Excusez-moi, — prénom *(Carlos)*.
— madame.
— mademoiselle.
— monsieur.

Dis-moi... / Dites-moi... / Dis donc...
Au fait...
À propos...

Pour présenter des relations (de travail) :
Carlos, je te (vous) présente...
Ma (mon) collègue / mon ami(e) voudrait faire votre connaissance.
Est-ce que je peux vous / te présenter ?

"" **LE VOCABULAIRE**
cadre (n. m.)
chance (n. f.)
collègue (n. m./f.)
chef (de projet) (n. m.)
ressources humaines (n. f. pl.)
séjour (n. m.)
semestre (n. m.) ""

Pour souhaiter la bienvenue :

Bienvenue — chez *Tectoma*
— en France.

Pour accepter ou refuser une proposition :
Avec plaisir... / Bien sûr...
Je suis désolé(e) mais...

Pour introduire une présentation :
Tu ne connais pas... / Vous ne connaissez pas *Carlos Torres*, je crois.
Est-ce que je peux te (vous) présenter *Carlos Torres* ?
Je voudrais te / vous présenter...

4. COMMUNIQUEZ

Jouez la situation à trois.
Vous êtes dans une soirée. Vous présentez des relations (ami(e), collègue, époux, épouse).

C Pause café

1. ÉCOUTEZ LE DIALOGUE

 Sophie : Ah, dis-moi, tu as des nouvelles de Simone ? Comment va-t-elle depuis son accident ?

Arnaud : Justement, je pensais à elle. Elle va mieux. Elle est sortie de l'hôpital, mais elle a un arrêt de travail à cause de sa jambe. Elle est en maison de repos depuis une semaine et elle rentre en mai, à Paris.

Sophie : Ah bon, c'est grave ?

Arnaud : Oh, oui, oui, oui… Elle a eu plusieurs opérations. On lui a enlevé son plâtre, mais elle doit rester allongée. Elle suit une rééducation tous les jours.

Sophie : Tu sais comment c'est arrivé ?

Arnaud : Elle descendait du train. Elle a glissé sur une marche et elle est tombée.

Sophie : Pour elle qui marchait tous les jours et faisait de la randonnée pendant le week-end, ça ne doit pas être facile. Comment est son moral ?

Arnaud : Pas terrible. Tiens, si tu as le temps, téléphone-lui.

Sophie : D'accord, je l'appelle ce soir.

2. VÉRIFIEZ VOTRE COMPRÉHENSION ?

Sophie a reçu un courriel d'un collègue. Lisez-le et soulignez les informations qui sont différentes de celles du dialogue.

Bonjour Sophie,

Je te donne des nouvelles de Simone. Elle est encore à l'hôpital, mais son opération s'est bien passée. Elle a un bras cassé. Elle marchait sur le quai pour prendre le train et elle se dépêchait. Elle portait un gros sac, elle a heurté une valise et elle est tombée. Elle commence sa rééducation en mai à Paris. C'est ennuyeux parce qu'elle s'entraînait chaque samedi pour courir le Marathon en avril. On ne peut pas la joindre par Internet, mais je lui téléphone de temps en temps. Elle garde le moral. Si tu peux, appelle-la. Ça lui fera plaisir. Je te contacte à mon retour.

Bien cordialement.

Hervé

3. RETENEZ

Pour demander des nouvelles de quelqu'un :
Tu as / Vous avez des nouvelles de *Simone* ?
Est-ce que tu as des nouvelles de *Simone* ?
Comment va *Simone* ? / Comment va-t-elle (il) ?
Comment va son moral / sa jambe ?

Pour donner des nouvelles de quelqu'un :
Elle va mieux / bien.
Pas terrible.

Pour suggérer une action à faire :
Si tu as le temps, téléphone-lui.
Si tu peux, appelle-la.

> Voir les outils linguistiques
de l'unité 1, page 18.

Pour demander des explications sur un événement :
Comment c'est arrivé ? Qu'est-ce qui lui est arrivé ?
Comment ça s'est passé ?
C'est grave ?

Pour décrire un fait survenu dans la vie / un problème de santé :
Être à l'hôpital. / Sortir de l'hôpital.
Avoir un arrêt de travail.
Être en maison de repos.
Avoir une opération.
Avoir un plâtre. / Enlever un plâtre.
Rester allongé(e).
Suivre / Avoir une rééducation.
Avoir un bras cassé / une jambe cassée.

❝ LE VOCABULAIRE
allongé(e) (adj.)
arrêt (n. m.)
glisser (v.)
heurter (v.)
hospitaliser (v.)
maison de repos (n. f.)
moral (n. m.)
plâtre (n. m.)
randonnée (n. f.)
rééducation (n. f.)
se dépêcher (v.)
suivre (v.) **❞**

4. COMMUNIQUEZ

1. Bonnes et mauvaises nouvelles. Jouez la situation à deux.

Rôle 1

Vous devez :
➤ interpeller,
➤ demander des nouvelles,
➤ demander des explications sur un événement de la vie (accident, maladie, naissance, absence au travail...).

Rôle 2

Vous devez :
➤ donner des nouvelles,
➤ donner des explications,
➤ suggérer une action.

2. Quelles sont les nouvelles ?
Vous écrivez un courriel à un(e) ami(e) ou un(e) collègue.
➤ **Vous demandez de ses nouvelles.**
➤ **Vous donnez des nouvelles d'un(e) ami(e) ou d'un(e) collègue après un événement de la vie (maladie, accident, naissance...).**

D Bien réussir sa rentrée

1. LISEZ LE DOCUMENT

Les vacances, c'est bien fini. Vive la rentrée !

Voici dix conseils pour éviter le stress de la rentrée.

1. Pour fuir le stress et la déprime du lundi matin, il faut commencer un mardi.

2. N'oubliez pas de programmer sans attendre votre prochain voyage.

3. Pensez à transférer les musiques de vos vacances sur votre lecteur MP3. Écoutez-les en voiture, dans le bus ou le métro. Vous vous imaginerez être encore en bermuda, même si votre cravate vous serre le cou.

4. Dans le hall de votre entreprise, évitez de faire la tête et souvenez-vous qu'en costume vous êtes la même personne qu'en maillot de bain. Vous devez garder le sourire.

5. Cinq cents mails sont dans votre boîte de réception, de nombreux messages téléphoniques et une bonne pile de courrier vous attendent. Ne répondez pas tout de suite. Ensuite, n'hésitez pas à jeter à la corbeille le maximum de courriels et de lettres inutiles.

6. Choisissez votre fond d'écran : vous pouvez afficher la photo d'une plage de rêve avec des palmiers ou encore vos photos de vacances.

7. Écrivez sur des *Post-it* vos phrases préférées. Collez-les sur votre ordinateur pour avoir le moral : « Vous êtes le meilleur », « Heureux au travail, heureux en amour », « Le travail, c'est la santé »...

8. Au moins une fois par jour, il faut vous faire plaisir : appelez un client ou un ami qui a de l'humour, regardez la photo de la monitrice ou du moniteur de surf... C'est une pause utile pour se sentir tout de suite de meilleure humeur.

9. À l'heure du déjeuner, il ne faut pas aller à la cantine. Allez au resto italien du coin* pour retrouver le goût des pâtes fraîches que vous dégustiez en août sur une plage d'Italie.

10. Et pour garder la pêche, offrez-vous une soirée entre copains de vacances, après le boulot.

* Du coin : un endroit à côté.

2. VÉRIFIEZ VOTRE COMPRÉHENSION ❓

Associez les énoncés ci-dessous au conseil correspondant. Notez le numéro qui convient.

a) Ne changez pas d'attitude. ....
b) Allez travailler en musique. ....
c) Évitez le restaurant d'entreprise. ....
d) Planifiez votre jour de rentrée. ....
e) Décorez votre bureau de phrases fétiches. ....

f) Offrez-vous des plaisirs personnels. ....
g) Prenez votre temps. ....
h) Personnalisez votre ordinateur. ....
i) Préparez vos vacances. ....
j) Sortez entre amis. ....

3. RETENEZ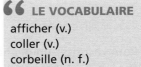

Pour donner des conseils :
Il faut... / Il ne faut pas...
N'oubliez pas de...
Pensez à...
Évitez de...
Souvenez-vous que...
N'hésitez pas à...
Vous devez...
Vous pouvez...

Pour décrire un état physique ou mental :
Fuir la déprime (terme familier = la dépression) : un état triste.
Faire la tête : laisser voir sa mauvaise humeur.
Garder le sourire.
Avoir de l'humour : être drôle.
Être de bonne humeur : être content.
Avoir la pêche (expression familière) : être en forme.

> Voir les outils linguistiques de l'unité 1, page 19.

❝ LE VOCABULAIRE
afficher (v.)
coller (v.)
corbeille (n. f.)
courrier (v.)
déguster (v.)
fuir (v.)
goût (n. m.)
humeur (n. f.)
humour (n. f.)
pile (n. f.)
programmer (v.)
sourire (n. m.)
transférer (v.) ❞

4. COMMUNIQUEZ

1. Dix conseils pour réussir.
a) Vous devez rédiger un article pour le journal de votre entreprise ou de votre université.
Mettez-vous en petits groupes et écrivez dix conseils.
Choisissez le thème :
➢ **Bien réussir sa rentrée au travail.**
➢ **Bien réussir sa rentrée scolaire ou universitaire.**
➢ **Bien réussir un examen.**
➢ **Bien réussir ses vacances.**
➢ **Bien réussir son permis de conduire.**

b) Des conseils avisés.
Donnez ces conseils à l'oral à un(e) ami(e) ou un(e) collègue.
Dites ce qu'il /elle doit faire. Jouez la situation à deux.

2. Phrases « porte-bonheur ».
Écrivez des phrases fétiches sur des *Post-it* à coller sur les murs de votre bureau, sur votre ordinateur, ou encore sur votre réfrigérateur ou la glace de votre salle de bains !

PRONONCEZ

Écoutez les questions suivantes et dites si l'intonation est montante (M) ou descendante (D). Puis répétez les questions.

1. Viens-tu à la réunion demain ?
2. Est-ce que le directeur reçoit les nouveaux clients ?
3. Les clients signent le contrat ?
4. Notre responsable a reçu la dernière stagiaire ?
5. Est-ce que la stagiaire a préparé les dossiers ?
6. Nous partons au séminaire en train ou en avion ?

1. Le présent de l'indicatif et ses emplois

Pour présenter l'action en cours d'accomplissement	▶ Je **termine** le classement des dossiers.
Pour exprimer une répétition ou une habitude	▶ Tous les jours, je **réponds** à ses courriels.
Pour exprimer un fait qui se réalisera prochainement	▶ Elle **revient** la semaine prochaine.
Pour exprimer un fait commencé dans le passé	▶ Depuis hier, je **reçois** ses clients.
Pour exprimer une suggestion / une hypothèse	▶ Si tu as le temps, **appelle**-la ou **écris**-lui.

2. Le présent continu

Pour indiquer une action en cours : Il est en train de visiter les services.

▶ **Être en train de** + verbe à l'infinitif.

3. Le passé composé

a) Pour raconter un événement passé.

J'**ai fait** un stage de plongée.	Nathalie **est** rentré**e** ?
Avoir au présent + participe passé.	**Être** au présent + participe passé. Accord du participe passé avec le sujet.

b) Pour raconter une succession d'événements à un moment du passé.
– Elle **a glissé** et elle **est tombée**.

c) La majorité des verbes se conjuguent avec **avoir**.
• Les verbes suivants se conjuguent avec **être** : *aller, arriver, descendre, devenir, entrer, monter, mourir, naître, partir, passer, rester, retourner, sortir, tomber, venir.*

• Certains verbes se conjuguent avec **être** et **avoir** : *rentrer, monter, descendre, passer, retourner, sortir.*
– Elle **a** passé de bonnes vacances. / Elle **est** passé**e** hier.

4. L'imparfait

Pour exprimer une habitude dans le passé. (accompagné en général d'une indication temporelle)	**Pour décrire une situation passée.**
Elle **marchait** tous les jours. Elle **courait** chaque samedi.	Elle **descendait** du train. Elle **portait** un gros sac.
Formation : radical du présent avec **nous** + terminaisons de l'imparfait. Les terminaisons sont les suivantes : **ais / ais / ait / ions / iez / aient**.	

5. Le passé composé et l'imparfait dans le récit

Elle **descendait** du train. Elle **portait** un gros sac,	Elle **a glissé** sur une marche et elle **est tombée**. elle **a heurté** une valise et elle **est tombée**.
Les **circonstances** sont à l'**imparfait** : – actions en cours, – description de la personne ou de l'objet au moment de l'événement.	**Les événements** sont au **passé composé**.

6. LES PRONOMS POSSESSIFS

Pour éviter les répétitions.

– Voici **mon bureau** et voici **le vôtre**.   – J'ai pris **mes dossiers**, alors prenez **les vôtres**.

Adjectifs possessifs	Pronoms possessifs			
	Masculin	Féminin	Masculin pluriel	Féminin pluriel
mon, ma, mes	le mien	la mien**ne**	les miens	les mien**nes**
ton, ta, tes	le tien	la tien**ne**	les tiens	les tien**nes**
son, sa, ses	le sien	la sien**ne**	les siens	les sien**nes**
notre, notre, nos	le nôtre	la nôtre	les nôtres	les nôtres
votre, vos, vos	le vôtre	la vôtre	les vôtres	les vôtres
leur, leur, leurs	le leur	la leur	les leurs	les leurs

7. LES PRONOMS PERSONNELS

Pour éviter les répétitions.

Les pronoms personnels compléments d'objet direct	Les pronoms personnels compléments d'objet indirect
Je termine **le dossier** et je **le** classe. **Simone**, je **la** contacte et je **l'**invite.	Je téléphone **à Simone** et je **lui** donne des nouvelles.
Le, la, l', les remplacent **des personnes** ou des **choses**. Hervé ⟨ me / te / le / la / nous / vous / les ⟩ contacte.	Ils **remplacent des personnes**. Ils s'emploient avec des verbes indirects : *téléphoner à, écrire à, parler à...* Jacques ⟨ me / te / lui / nous / vous / leur ⟩ présente le stagiaire.
Me, **te**, **nous**, **vous** représentent des personnes.	

⚠ Avec les verbes *penser, rêver, faire attention, s'adresser, s'intéresser... à quelqu'un*, on emploie à + les pronoms toniques (*moi, toi, lui, elle, nous, vous, eux*).
– Je pensais **à elle**.

⚠ Avec les verbes à l'impératif affirmatif, les pronoms se placent **après** les verbes et *me* devient *moi* :
– Appelle-**la**. / Téléphone-**lui**. / Collez-**les**.
– Parle-**moi**.

8. L'IMPÉRATIF

Pour donner des conseils.

L'impératif est un présent sans sujet. On l'utilise pour **tu**, **nous**, **vous**.

Regarde la photo.	Regardons la photo.	Regardez la photo.
Choisis un fond d'écran.	Choisissons un fond d'écran.	Choisissez un fond d'écran.
Va au restaurant.	Allons au restaurant.	Allez au restaurant.

⚠ 1. Les verbes en **-ER** ne prennent pas de **-S** avec **tu** → Regardes̸ / Vas̸.

2. Avec les **verbes réfléchis**, il faut rajouter un pronom.
– Offre-**toi** des vacances.   – Offrons-**nous** des vacances.   – Offrez-**vous** des vacances.

1. Ah, les collègues !

Dans ce blog, supprimez « mes collègues » et utilisez des pronoms personnels pour éviter les répétitions.

	Quelles sont vos relations avec vos collègues ?
Mimi	Moi, j'ai d'excellentes relations avec mes collègues. J'invite parfois mes collègues chez moi. Je téléphone à mes collègues même le dimanche et pendant les vacances j'écris à mes collègues.
Le discret	J'ai beaucoup de respect pour mes collègues et je parle beaucoup à mes collègues au boulot, mais je préfère oublier mes collègues le week-end.
Jules	Je n'ai pas de relations avec mes collègues. Je dis bonjour et au revoir à mes collègues, mais je ne m'occupe pas de mes collègues ni de leur travail pendant la journée.

2. Que des solutions !

Utilisez des pronoms possessifs pour éviter les répétitions dans les échanges suivants.

1. – Mon ordinateur est encore en panne ce matin.
   – Pas de problème, prends **mon ordinateur.**

2. – Alors, on fait comment pour l'appel d'offre ?
   – Nous, nous contactons nos fournisseurs et vous, vous contactez **vos fournisseurs.**

3. – Vous vous êtes arrangés pour vos congés ?
   – Oui, moi je prends mes vacances en juillet et Martine prend **ses vacances** en août.

4. – Il faut vraiment prendre une décision cette semaine.
   – Ne vous inquiétez pas, vous aurez notre réponse cet après-midi et les commerciaux doivent donner **leur réponse** demain.

5. – On va utiliser ta clé.
   – Pourquoi ?
   – Parce qu'on ne retrouve pas **notre clé.**

3. Arrivée du matin

Conjuguez les verbes du texte ci-dessous au passé composé.

Il (tourner) la clé
Dans la serrure.
Il (prendre) un dossier
Dans le tiroir.
Il (trouver) une lettre
Dans le dossier.
Avec un stylo
Il (signer).
Il (relire) la lettre
Et (reposer) son stylo.

Sans me parler
Il (allumer)
son ordinateur.
Il (faire)
des clics avec la souris.
Il (ouvrir) des fichiers
dans la machine.
Sans me parler,
Sans me regarder,
Il (se lever).

Il (fermer) son sac.
Il (mettre) son manteau noir
parce qu'il faisait froid.
Et il (partir)
très vite,
Sans une parole,
Sans me regarder.
Et moi, je (boire)
mon café lentement
et je (réfléchir).

4. Incident technique

Reformulez ce témoignage en conjuguant les verbes au passé composé ou à l'imparfait.

« Nous sommes en réunion dans la salle de conférence et madame Briscard présente le bilan des ventes du mois de juin. Tout à coup, on entend un bruit bizarre et la lumière s'éteint. Alors, nous nous retrouvons dans le noir. Très vite, monsieur Raymond se lève et il sort de la salle. Dans le couloir, il y a encore de la lumière. Il prend son téléphone portable et appelle le technicien qui se trouve au dernier étage. »

1. COMPRÉHENSION ÉCRITE

Forum www.lapecheautravail.com.
Thème de discussion : Comment avoir la pêche tous les jours ?
1. Lisez les messages d'entrepreneurs individuels ci-dessous.

Messages	Posté par	Date
Pas facile de travailler seul. ☹ J'ai créé mon entreprise dans le secteur de la communication. Pour ne pas rester seul, je me suis mis en relations avec des entrepreneurs solitaires. Nous avons des communications téléphoniques régulières, des échanges d'idées, etc. Après le déjeuner, je fais une demi-heure de marche et je reviens en forme.	Alain	12 mars
▶ Salut les pro*, Difficile d'avoir la pêche tous les jours ! Quand mon moral n'est pas terrible, je lis des histoires de succès. Les jours de fatigue, je lis mes courriels perso** ou je me mets à jour de l'info*** du monde. Le choix d'un hôtel pour un projet de voyage peut redonner la pêche ☺ ... Bon courage.	Claire	13 mars
Moi, j'ai toujours des magazines près de moi ou des lettres d'information en retard (si on les retrouve sur le disque dur !). Je les lis et je les trie en écoutant de la musique. Nous avons tous des moments de baisse de motivation, c'est normal. Quand le moral est vraiment très bas, j'appelle les clients sympas de mes débuts.	Francis	13 mars
▶ Une seule phrase : faites-vous plaisir pour garder la pêche. Allez au cinéma de temps en temps, faites de la natation, du jogging ou du vélo pour diminuer le stress, chantez dans une chorale, partez à la campagne en plein milieu de la semaine, même si votre portable reste allumé.	Thomas	15 mars

* Le pro : le professionnel.   ** Perso : personnel.   *** Info : information.

2. Lisez les recommandations et indiquez qui est l'auteur. Cochez dans la (ou les) bonne(s) colonne(s) (plusieurs réponses sont possibles).

Pour garder la pêche,	Alain	Claire	Francis	Thomas
1. vous devez lire des journaux ou votre courrier privé.				
2. il faut programmer des vacances.				
3. n'hésitez pas à avoir une activité sportive.				
4. pensez à aller voir un film.				
5. n'oubliez pas de contacter des personnes intéressantes.				
6. faites de la musique.				

2. COMPRÉHENSION ORALE

Dans une entreprise.

Écoutez ces cinq personnes. Dites quelle est l'intention de chacune d'elles. Choisissez la bonne réponse dans la liste A à H et notez-la.

Personne 1 : ....
Personne 2 : ....
Personne 3 : ....
Personne 4 : ....
Personne 5 : ....

A. Accueillir une personne.
B. Donner des nouvelles.
C. Demander des nouvelles.
D. Interpeller une personne.
E. Présenter une personne.
F. Donner des explications sur un événement.
G. Faire une recommandation.
H. Demander des explications sur un événement.

Les congés en France

Il y a différents types de congés en France :

Le **congé annuel** permet au salarié de se reposer au cours de l'année. En France, il y a cinq semaines de congés payés.

Le **congé individuel de formation** permet au salarié de s'absenter de son poste de travail pour suivre une formation de son choix.

Le **congé sabbatique** permet au salarié se suspendre son contrat de travail pour réaliser un projet personnel. Sa durée est de six à onze mois.

Le **congé de maternité** permet à la mère de se reposer et de s'occuper de son enfant. Le père peut demander un congé de paternité (onze à dix-huit jours).

Le **congé parental d'éducation** permet d'interrompre son travail pour élever un enfant.

> **> Et vous, dans votre pays, ces différents types de congés existent-ils ? Quelle est leur durée ? Quelles en sont les conditions ? En avez-vous bénéficié ?**

C'est la rentrée

Les Français n'aiment pas le mois de septembre. C'est le mois de « la rentrée » : rentrée des vacances, rentrée des classes pour les enfants, retour au travail, factures à payer...

Selon un sondage : 51 % détestent le retour de l'automne et de la pluie, 37 % l'idée de devoir payer le solde de leurs impôts*, 17 % la corvée des courses de la rentrée, mais seulement 13 % broient du noir** à l'idée de retourner au travail.

* Solde des impôts : les taxes, la somme qu'il reste à payer à l'État en fin d'année.

** Broyer du noir : être triste / déprimé.

> ⟩⟩⟩ CAS PRATIQUE ⟩⟩⟩ CAS PRATIQUE ⟩⟩⟩ CAS PRATIQUE ⟩⟩⟩
>
> Faites un sondage dans votre classe ou dans votre entreprise pour savoir quel est le mois de l'année détesté.
>
> **> Et vous, dans votre pays, existe-t-il un mois dans l'année que vous détestez ou que vos compatriotes détestent ? Pourquoi ?**
> **> Quelles en sont les raisons ? Présentez les résultats de l'enquête à votre groupe.**

Manières d'être

Comment saluer ?

Les Français sont assez formels dans la rencontre : ils associent le geste – serrer la main – à la parole. Si c'est une première rencontre, on pourra dire : « Enchanté », « Ravi de vous rencontrer », ou dire son nom : « Bonjour, Pierre Garbe ». On présente toujours un homme à une femme.

• Quand on entre dans un lieu, un bureau, une salle de réunion ou une salle d'attente, un ascenseur, il est d'usage de dire « bonjour ». On dit par exemple « bonjour » au conducteur de bus.

• Quand on arrive au bureau le matin, il est fréquent que les Français lancent un « Bonjour, ça va ? » ou un « Salut, Jacques ! » en se serrant la main. Une brève rencontre dans la rue, par exemple, peut commencer et se terminer par une poignée de main.

• Si les relations sont amicales, les hommes et les femmes peuvent se faire la bise. S'il est vrai que les Français se font facilement la « bise », ils n'embrassent pas n'importe qui. Les femmes se font plus souvent la bise entre elles.

Tu ou vous ?

• Dans le monde de l'entreprise, le tutoiement est de plus en plus répandu ainsi que l'utilisation du prénom. Il s'explique aussi par un nouveau mode de management basé sur des relations de proximité. Mais ce rituel dépend du patron et de la culture d'entreprise.
Le passage du « vous » (formel) au « tu » (informel) marque l'évolution d'une relation entre les personnes. On peut poser la question : « On pourrait se tutoyer maintenant ? » ou « Ça vous dérangerait si on se tutoyait ? »

• En général, on dit « vous » aux personnes que l'on rencontre pour la première fois, à un supérieur hiérarchique ou à une personne plus âgée.
• Attention : l'utilisation du prénom n'est pas liée au tutoiement. Il est d'usage, par exemple, qu'on appelle une assistante par son prénom, mais qu'on la vouvoie.

>>> CAS PRATIQUE >>> CAS PRATIQUE >>> CAS PRATIQUE >>>

Un couple de Français s'installe à Singapour pour des raisons professionnelles. Ils aménagent leur appartement et achètent un lit dans un grand magasin. La vendeuse qui leur a vendu le lit, très contente de sa vente, demande à embrasser le couple de Français pour les remercier.

> Que pensez-vous du comportement de la vendeuse ? Quels conseils pouvez-vous lui donner ? Quelles sont les règles de politesse en usage dans votre pays ? Donnez des conseils à votre groupe.

UNITÉ 2 CHANGEMENT DE VIE

Vous allez vous entraîner à :

- expliquer le déroulement d'un plan d'action / d'une programmation
- échanger en réunion : annoncer l'ordre du jour / donner, garder la parole / conclure
- informer sur les conditions de travail
- informer d'une possibilité
- décrire une situation hypothétique ou imaginaire
- informer de projets en cours d'élaboration

Vous allez utiliser :

- le futur proche
- le futur simple
- le conditionnel présent de politesse et de l'imaginaire
- l'hypothèse : *si* + présent / *si* + imparfait
- les verbes pronominaux réciproques

Pour être capable :

- de participer de manière simple et ponctuelle à une réunion sur un plan d'action
- d'échanger sur des conditions de travail
- de discuter d'un projet

A Appel à candidatures

1. ÉCOUTEZ LE DIALOGUE

M. Moraud :
(directeur général)
Nous sommes réunis pour parler de l'expatriation de notre personnel dans notre nouvelle usine de Singapour. Tout d'abord, nous allons écouter madame Arnoux. Elle va nous expliquer le plan d'action et après, chacun pourra poser ses questions.

Mme Arnoux :
(directrice des ressources humaines)
Merci bien. Alors voilà, dès demain nous allons lancer un appel de candidature pour les postes à pourvoir. La semaine prochaine, nous organiserons une réunion d'information pour le personnel, et ensuite, en avril, nous recevrons les candidats au départ pour des entretiens individuels.

Une collaboratrice : Pardon, vous permettez, je voudrais une précision. Il y a combien de postes ?

Mme Arnoux : Une vingtaine. Nous vous communiquerons la liste des candidats retenus après les entretiens.

M. Moraud : Pas d'autres questions ?

Un collaborateur : Non, c'est clair.

Mme Arnoux : S'il vous plaît, je peux dire encore une chose ? Juste pour finir. Le personnel touchera une prime d'installation très intéressante. Nous prendrons aussi en charge tous les frais de déménagement, de logement et de scolarité.

M. Moraud : Parfait, rien à ajouter ?

Mme Arnoux : Non.

M. Moraud : Bien, ce sera tout pour aujourd'hui. Je vous remercie.

2. VÉRIFIEZ VOTRE COMPRÉHENSION

Vous avez pris des notes pendant la réunion. Complétez la fiche.

Lieu d'expatriation : ....

Plan d'action : – ....

– ....

– ....

Nombre de postes proposés : ....

Avantages proposés :

– ....

– ....

– ....

– ....

3. RETENEZ

> **Pour expliquer le déroulement d'un plan action / d'une programmation :**
> D'abord... / En premier lieu... / Premièrement...
> Ensuite... / Après... / En deuxième lieu... / Deuxièmement...
> Pour finir / terminer / conclure... / Enfin... / En conclusion...

> **Pour échanger en réunion :**
>
> • **Pour annoncer l'ordre du jour :** — Nous sommes réunis pour...
> — Notre réunion a pour objet / but de...
>
> • **Pour donner la parole :** — Nous allons écouter *madame Arnoux*.
> — Chacun pourra poser ses questions / faire ses remarques.
> — Chacun pourra donner un avis.
> — Pas d'autres questions ? / Rien à ajouter ?
>
> • **Pour prendre la parole :** — Pardon. / Vous permettez ?
> — Je voudrais (demander) une précision.
>
> • **Pour garder la parole :** — S'il vous plaît, je peux dire encore une chose ?
> — Juste pour finir.
>
> • **Pour conclure :** — Ce sera tout pour aujourd'hui. / Je vous remercie.

4. COMMUNIQUEZ

1. Un plan d'action.

1re étape : Imaginez un plan d'action pour la réorganisation d'un service ou d'un programme de formation en trois ou quatre étapes.
2e étape : Vous êtes en réunion. Vous discutez de votre plan d'action. Jouez la situation à trois.

❝ LE VOCABULAIRE
analyser (v.)
appel (à candidatures) (n. m.)
déménagement (n. m.)
expatriation (n. f.)
frais (n. m.)
lancer (v.)
plan (n. m.)
poste (n. m.)
pourvoir (v.)
prendre (en charge) (v.)
prime (n. f.)
scolarité (n. f.) ❞

Rôle 1

Le / la directeur(trice) général(e)
Vous devez :
➤ annoncer l'ordre du jour,
➤ donner la parole,
➤ conclure.

Rôle 2

Le / la directeur(trice) des ressources humaines
Vous devez :
➤ expliquer le déroulement du plan d'action,
➤ répondre aux questions,
➤ garder la parole.

Rôle 3

Un(e) collaborateur(trice)
Vous devez :
➤ prendre la parole,
➤ demander des précisions.

2. Un courriel d'information.
Vous rédigez un courriel à un collègue absent à une réunion. Vous l'informez de son contenu. Choisissez un sujet : réunion sur le plan d'expatriation, sur le plan de réorganisation du service ou sur le plan de formation du personnel.

B Expatblog

1. LISEZ LE DOCUMENT

Nathalie, le 5/4
Bonjour,
Je suis belge. On me propose un poste en France. Je souhaiterais des infos* sur les contrats de travail, le temps de travail, les congés, le logement...

Pascal, le 6/4
Si tu as un contrat a durée déterminée (CDD), il est de 18 mois, renouvelable une fois. Si tu signes un contrat à durée indéterminée (CDI), tu as plus de sécurité. En France, on peut travailler à temps plein ou à temps partiel. On a droit à cinq semaines de congés payés et des jours de RTT. Pas mal, non ! Les cadres, eux, travaillent beaucoup plus. J'oubliais, il y a onze jours fériés en France et j'ai des Ticket-Restaurant pour le déjeuner.

Nathalie, le 6/4
Merci pour tous ces renseignements. Je cherche aussi un logement. Auriez-vous un bon tuyau** ? Pourriez-vous me donner des conseils pour mon installation en France ?

Catherine, le 7/4
Salut,
Si tu veux, tu peux partager un appartement. Moi, j'habite en colocation. Nous recherchons une colocataire pour le mois prochain. Si ça t'intéresse, tu me contactes. Ça te plairait ? À bientôt ☺

Ken, le 8/4
Bonjour. Je suis expatrié en France et j'ai un contrat d'expatriation. Je touche une indemnité de 1 300 € pour le loyer et ma société me paie un voyage annuel. J'ai seulement quatre semaines de congés payés, comme dans mon pays, mais l'entreprise est fermée les jours fériés français. Je suis cadre et je n'ai pas d'horaire. Te serait-il possible d'obtenir un contrat d'expatriation ?

* Une info : une information.   ** Un tuyau (familier) : un renseignement.

2. VÉRIFIEZ VOTRE COMPRÉHENSION ?

1. Vous analysez les conditions des contrats de travail français. Complétez le tableau.

Types de contrat de travail	
Congés payés	
Nombre de jours fériés	
Autre avantage	

2. Vous comparez les conditions de travail en France avec le contrat d'expatriation de Ken. Quelles sont les différences ?

3. RETENEZ

Pour demander des informations :
Je souhaiterais des infos. / **J'aimerais** avoir votre avis.
Pourriez-vous me donner l'adresse... ?
Auriez-vous un bon tuyau... ?
Te serait-il possible d'avoir / d'obtenir... ?

Pour informer d'une possibilité :
Si tu gardes ton contrat français...
Si tu veux, tu peux...
Si ça t'intéresse...

> Voir les outils linguistiques de l'unité 2, page 35.

Pour informer sur les conditions de travail :
Avoir un contrat à durée déterminée (CDD).
Signer un contrat à durée indéterminée (CDI).
Obtenir un contrat d'expatriation.
Avoir droit à des congés payés / des jours fériés /
des RTT (réduction du temps de travail).
Toucher une indemnité.
Travailler à temps plein / à temps partiel.

❝ LE VOCABULAIRE
cadre (n. m.)
colocataire (n. m./f.)
colocation (n. f.)
expatriation (n. f.)
expatrié(e) (n. m./adj.)
férié(e) (adj.)
indemnité (n. f.)
(temps) partiel (adj.)
(temps) plein (adj.)
Ticket-Restaurant (n. m. inv.)
toucher (v.) **❞**

4. COMMUNIQUEZ

1. Forum Internet.
Vous souhaitez travailler ou faire un stage en France. Vous écrivez un message sur un forum Internet pour obtenir des renseignements sur :
– la recherche d'un emploi, les horaires de travail, les salaires, les avantages,
– le prix du logement, le coût de la vie...

2. Expatriation.
Un(e) ami(e) ou un(e) collègue francophone vous téléphone. On lui propose un poste dans une entreprise de votre pays. Jouez la situation à deux.

Rôle 1
Vous devez :
➢ vous informer sur les conditions de travail.

Rôle 2
Vous devez :
➢ informer sur les conditions de travail, les salaires, les congés, les avantages, le prix du logement...

C Avec des si...

1. ÉCOUTEZ LE DIALOGUE

Marc :	Alors Anne, tu vas nous quitter ? Tu poses ta candidature pour partir à Singapour ?
Anne :	Et oui, si j'obtiens le poste de responsable qualité, je pars. Mais d'abord, je dois discuter des conditions d'expatriation.
Marc :	Moi, si on me proposait une promotion, je partirais aussi. Ah, je découvrirais de nouvelles cultures. J'apprendrais les arts martiaux et le chinois, et je partirais à l'aventure, sac au dos, les jours de congé.
Anne :	Tu es sûr que Paris ne te manquera pas : les restos, le théâtre, les expos, les balades au bord de la Seine, les amis...
Marc :	Oh, pas vraiment. Si je pouvais, je changerais de vie.
Anne :	Alors pourquoi est-ce que tu ne poserais pas ta candidature ?
Marc :	Parce que je n'ai pas le bon profil pour les postes proposés.
Anne :	Si j'accepte le poste, tu viendras me voir ?
Marc :	Pourquoi pas ? Si tu m'invites, ce sera avec plaisir.

2. VÉRIFIEZ VOTRE COMPRÉHENSION

Lisez les affirmations et dites si c'est « vrai », « faux » ou si « on ne sait pas » (?).

	Vrai	Faux	?
1. Anne et Marc sont des collègues de travail.			
2. Anne souhaite un changement professionnel.			
3. Anne va avoir le poste de responsable qualité.			
4. Anne va partir à Singapour.			
5. Marc a une promotion.			
6. Marc veut rester à Paris.			
7. Marc aime le sport.			
8. Marc accepte l'invitation d'Anne.			

3. RETENEZ

Pour décrire une situation hypothétique :
Si j'obtiens le poste de responsable qualité, je pars.
Si j'accepte le poste, tu viendras me voir ?
Si tu m'invites, ce sera avec plaisir.
Si on me proposait une promotion, je partirais aussi.
Si je pouvais, je changerais de vie.

> Voir les outils linguistiques de l'unité 2, page 35.

Pour décrire une situation imaginaire :
Je découvrirais de nouvelles cultures.
Je voyagerais, je ferais du golf ou de la plongée, **j'apprendrais** le chinois.

> Voir les outils linguistiques de l'unité 2, page 34.

> **LE VOCABULAIRE**
> art martial (n. m.)
> aventure (n. f.)
> balade (n. f.)
> expo (familier = exposition) (n. f.)
> jour (de congé) (n. m.)

4. COMMUNIQUEZ

1. Projet de voyage.
Vous discutez d'un projet de voyage avec un(e) ami(e) ou un(e) collègue. Jouez la situation à deux.

Rôle 1
Vous devez :
➤ poser des questions sur le projet de voyage,
➤ donner une destination hypothétique,
➤ dire ce que vous aimeriez faire / voir / visiter.

Rôle 2
Vous devez :
➤ dire où vous aimeriez aller,
➤ dire avec qui vous aimeriez partir,
➤ préciser ce que vous aimeriez faire / visiter.

2. Projet de rêve.
Vous écrivez un courriel à un(e) ami(e) francophone. Vous rêvez de changer de vie, de vivre ailleurs, de créer une entreprise...
Vous imaginez ce que vous aimeriez faire, comment vous procéderiez...

D Dernière nouvelle

1. LISEZ LE DOCUMENT

De notre envoyé spécial en Roumanie

La société *Meubletout*, basée dans le sud-ouest de la France, envisagerait de délocaliser une partie de la fabrication de ses meubles en Roumanie. Cela lui permettrait de réduire ses coûts de production pour faire face à la concurrence.

L'entreprise bénéficierait de terrains à des conditions avantageuses et le bassin d'emploi fournirait une main-d'œuvre qualifiée. Des cadres expatriés de la maison mère formeraient le personnel aux nouvelles techniques et les encadreraient. La société enverrait du personnel français en Roumanie, en fonction du rythme de fabrication.

Des architectes français et roumains se rencontreront dans les prochains jours sur le site. La construction de la nouvelle usine pourrait débuter dans deux mois.

Les dirigeants de *Meubletout* et les représentants roumains se réuniront demain pour arriver à un accord et se retrouveront sur le site français dans les semaines qui arrivent. Le personnel du site français a déposé un préavis de grève.

2. VÉRIFIEZ VOTRE COMPRÉHENSION

Complétez la fiche de renseignements.

Fiche de renseignements

- Nom de l'entreprise : ....
- Activité de l'entreprise : ....
- Projet envisagé : ....
- Motif du projet : ....
- Avantages offerts par la Roumanie : ....
- Fonctions du personnel français expatrié : ....
- Date prévue du début des travaux de l'usine : ....
- Action envisagée par le personnel sur le site français : ....

3. RETENEZ

Pour informer d'un projet en cours d'élaboration :
La société **envisagerait** de...
Cela (lui) **permettrait** de...
L'entreprise **bénéficierait** de...
Des cadres **formeraient** et **encadreraient** le personnel.
La société **enverrait** du personnel.
La construction **pourrait** débuter dans deux mois.

> Voir les outils linguistiques de l'unité 2, page 34.

Pour décrire un environnement économique :
Délocaliser la fabrication / des activités.
Réduire les coûts.
Faire face à la concurrence.
Bénéficier de terrains / de conditions avantageuses.

❝❝ LE VOCABULAIRE
avantageux(se) (adj.)
bassin d'emploi (n. m.)
bénéficier (v.)
concurrence (n. f.)
coût (n. m.)
délocalisation (n. f.)
délocaliser (v.)
encadrer (v.)
envisager (v.)
faire face (v.)
grève (n. f.)
main-d'œuvre (n. f.)
maison mère (n. f.)
préavis (n. m.)
site (n. m.) ❞❞

4. COMMUNIQUEZ

1. On pourrait changer les choses.
Écrivez un court article pour le journal de votre entreprise ou de votre ville.
Vous faites part d'un projet pour améliorer le cadre de travail ou les conditions de travail (locaux, agencements, bureaux, nouveaux services proposés au personnel...) ou pour améliorer votre ville ou la vie de ses habitants.
Quelle serait votre idée ? Combien ça coûterait ? À quoi ou à qui ça servirait ? Qu'est-ce qu'il faudrait faire ?

2. Projet professionnel.
Vous discutez d'un projet professionnel avec un(e) collègue ou un(e) ami(e) (changement de travail, expatriation, congé sabbatique, projet humanitaire...).
Qu'est-ce que ce serait ? Qu'est-ce que ça vous apporterait ? Comment vous envisageriez de faire ? Jouez la situation à deux.

Rôle 1

Vous

Rôle 2

Un(e) collègue /
un(e) ami(e)

1. LE FUTUR PROCHE

Pour exprimer une action future immédiate.	Pour parler d'un projet sûr.
Nous **allons** écout**er** madame Arnoux. Elle **va** nous expliqu**er** le plan d'action.	**Dès demain**, nous **allons** lanc**er** un appel de candidature. ⚠ Il est important de préciser le moment.
Verbe **aller** conjugué au présent + infinitif.	

2. LE FUTUR SIMPLE

Pour parler d'événements futurs / de programmation.

Le personnel **touchera** une prime d'installation. Nous vous **communiquerons** la liste.	Nous **prendrons** aussi en charge tous les frais. ⚠ Si l'infinitif est terminé par **-e**, on enlève le **-e**. Prend**r**e → Nous prend**rons**.
Infinitif + terminaisons : **ai / as / a / ons / ez / ont**.	

⚠ Certains verbes sont **irréguliers** au **futur**.
Être   → Ce **sera**...
Pouvoir   → Chacun **pourra**...
Recevoir → Nous **recevrons**...

3. LE FUTUR SIMPLE ET LE FUTUR PROCHE

Pour enchaîner des actions futures.

Nous **allons écouter** madame Arnoux et après chacun **pourra** poser ses questions.
Cette semaine **nous organiserons** une réunion d'information et ensuite **nous recevrons** les candidats.

4. LE CONDITIONNEL PRÉSENT

Pour évoquer des faits éventuels, une situation imaginaire.	Je **découvrirais** de nouvelles cultures. J'**apprendrais** les arts martiaux et le chinois, et je **partirais** à l'aventure...
Pour s'informer / demander poliment.	Je **souhaiterais**... / J'**aimerais**... / Je **voudrais**... / Je **désirerais**... **Serait-il** possible de... ? / **Pourriez**-vous... ? / **Auriez**-vous... ? Ça te **plairait** ?
Pour parler d'un projet en cours d'élaboration.	La société **envisagerait** de... / Cela (lui) **permettrait** de... L'entreprise **bénéficierait** de... / Le bassin d'emploi **fournirait**... Des cadres **formeraient** et **encadreraient**... / La société **enverrait**... La construction **pourrait**...
Formation du conditionnel présent : radical du futur + **terminaisons de l'imparfait**. → **Je** voyager-**ais**. / **Il** ser-**ait**. / **Vous** pourr-**iez**.	

5. L'HYPOTHÈSE

• **Pour exprimer une possibilité, une hypothèse probable sur le présent** *(cela arrivera peut-être).*

Si tu **veux**,	tu **peux** partager un appartement.
Si j'**obtiens** le poste de responsable qualité,	je **pars**.
Condition : **si + présent**.	Conséquence : **présent**.

• **Pour parler d'une hypothèse probable sur le futur** *(la condition peut se réaliser).*

Si j'**accepte** le poste,	tu **viendras** me voir ?
Si tu m'**invites**,	ce **sera** avec plaisir.
Condition : **si + présent**.	Conséquence : **futur simple**.

• **Pour parler d'une hypothèse irréelle** *(la condition a peu de chance de se réaliser).*

Si on me **proposait** une promotion,	je **partirais** aussi.
Si je **pouvais**,	je **changerais** de vie.
Condition : **si + imparfait**.	Conséquence : **conditionnel présent**.

6. LES VERBES PRONOMINAUX RÉCIPROQUES

Ils se rencontreront la semaine prochaine.	→ *l'un, l'autre* ou *les uns, les autres*
Ils se réuniront et **se retrouveront**. *autres*	→ *l'un, l'autre* ou *les uns, les*
On s'appelle et **on se voit** demain.	→ *l'un, l'autre*

PRONONCEZ

1. **Écoutez et dites dans quel cas la lettre « x » des chiffres** *six* **et** *dix* **se prononce.**
1. Nous sommes **six** à partir à l'étranger.
2. Tous les **dix** jours, nous faisons une réunion de service.
3. Pourquoi **dix** ? Nous avons besoin de **six** ordinateurs pour notre service.
4. **Six** personnes ont signé le contrat d'expatriation.

Quel est le son de la lettre « x » ?

2. **Écoutez et soulignez la phrase que vous entendez.**

1. a) Je voyageais beaucoup.
   b) Je voyagerais beaucoup.
2. a) On me proposait une promotion intéressante.
   b) On me proposerait une promotion intéressante.

3. a) Tu posais ta candidature.
   b) Tu poserais ta candidature ?
4. a) Je devais signer le contrat d'expatriation.
   b) Je devrais signer le contrat d'expatriation.
5. a) Si je changeais de vie, je partirais à l'étranger.
   b) Je changerais de vie, si je pouvais.

Répétez toutes les phrases (a, puis b).

1. Une note de plus

Repérez les verbes au futur proche et conjuguez-les au futur simple.

Le 21 mars 20...

Direction des ressources humaines

Note d'information à l'attention du personnel

Voici les nouvelles dispositions prises à la suite de la réunion des responsables de service.

1. La direction va mettre en place une nouvelle organisation du service Achats :
– un comité va accompagner les différents changements,
– M. Griffon va remplacer Mme Picot à partir du 22 mai.
2. Les nouveaux programmes de développement vont fonctionner à partir du mois d'avril. Tous les responsables vont recevoir une formation complémentaire.
3. Les employés du service comptabilité vont déménager à la fin du mois. Des techniciens vont venir dans chaque bureau pour prendre ce déménagement en charge.
4. Le site Internet de notre société va être disponible bientôt. Les salariés vont avoir accès à ce site et vont pouvoir trouver toutes les informations sur les postes vacants*.
5. La réunion des membres du comité d'entreprise va se tenir le 7 avril prochain.

Jérémy Couvreur

J.Couvreur

Directeur des ressources humaines

* Vacant : libre.

2. Question de savoir-vivre

Classez les requêtes suivantes de la moins polie à la plus polie, et dites lesquelles ne seraient pas acceptables dans la situation décrite.

a) Vous demandez à votre fournisseur de vous présenter d'autres modèles que ceux qu'il vous propose.

1. Vous avez d'autres modèles à me montrer ?
2. Eh bien ! Où sont les autres modèles ?
3. Voudriez-vous avoir l'extrême gentillesse de me montrer d'autres modèles, s'il vous plaît ?
4. Montrez-moi d'autres modèles tout de suite !
5. Ça ne vous ennuierait pas de me montrer d'autres modèles ?
6. J'aimerais bien voir d'autres modèles.
7. Ça vous gênerait de me montrer d'autres modèles ?

b) Vous ne savez pas où se trouve un dossier. Vous demandez à un(e) collègue.

1. J'aimerais bien que tu trouves le dossier VVD.
2. Aurais-tu la gentillesse de me dire où est le dossier VVD, s'il te plaît ?
3. Pourrais-tu me dire où est le dossier VVD ?
4. Dis-moi immédiatement où est le dossier VVD.
5. Où est le dossier VVD, s'il te plaît.
6. Le dossier VVD, où il est ?
7. Je te serais extrêmement reconnaissante de me dire où est le dossier VVD.

3. Hypothèse au bureau

Associez les hypothèses et leurs conséquences. Écrivez les phrases reformées.

1. Si tu ne trouves pas les informations,
2. Si Virginie ne vient pas demain,
3. Si vous acceptiez de partir,
4. Si nous baissons les prix,
5. Si on prend du retard,
6. Si on avait l'autorisation,
7. Si nos collaborateurs viennent tôt,

a) on fabriquerait ce produit.
b) vous bénéficieriez d'une promotion.
c) les clients seront contents.
d) Sabine la remplacera.
e) vas sur Internet.
f) on finira plus vite.
g) on ne pourra pas livrer à la date prévue.

1. COMPRÉHENSION ÉCRITE

Une expatriation réussie.
Lisez le document et complétez la fiche d'identité de François Capurro.

En 2001, après des études dans une école de commerce, François Capurro est parti six mois en Chine comme commercial export pour une marque de cosmétiques. À son retour en France, il rêve de repartir travailler en Chine.

Il est contacté par le patron d'un guide touristique et il s'envole pour la Chine début 2002. Pendant quatre ans, il va écrire une cinquantaine de guides sur toutes les destinations européennes à l'attention des Chinois.

En 2006, il crée sa propre société.

Il fabrique des meubles pour les boutiques de luxe et il fournit toutes les grandes marques européennes de luxe. Il aime l'environnement commercial du pays. « Tout le monde est enthousiaste et très motivé », dit-il. Il peut appeler ses fournisseurs le dimanche ou à deux heures du matin, il y a toujours une personne qui répond.

François Capurro restera au moins dix ans pour faire de bonnes affaires en Chine. Après, il ira dans un autre pays d'Asie, et ensuite il rentrera en France.

Fiche d'identité

Nom de l'entrepreneur : ....

Formation : ....

Expérience professionnelle

– 2001 : ....

– 2002-2005 : ....

– 2006 : ....

Pays d'expatriation : ....

Activité de l'entreprise : ....

Clients : ....
....

2. COMPRÉHENSION ORALE

En réunion.
Écoutez ces cinq personnes. Dites quelle est l'intention de chacune d'elles. Choisissez la bonne réponse dans la liste A à H et notez-la.

Personne 1 : ....
Personne 2 : ....
Personne 3 : ....
Personne 4 : ....
Personne 5 : ....

A. Annoncer l'ordre du jour.
B. Donner la parole en réunion.
C. Faire part d'un projet incertain.
D. Faire une suggestion.
E. Discuter de conditions de travail.
F. Expliquer un plan d'action.
G. Présenter les participants.
H. Conclure une réunion.

Travailler en France

Trouver un travail en France n'est pas facile, mais il y a des places à prendre, en particulier pour les cadres. Un **étudiant étranger** a le droit de travailler pendant ses études en France.

En France, les **services** représentent environ 75 % de l'emploi total. Les **petites et moyennes entreprises** (PME) emploient 66 % de la **population active**. Les filiales des groupes étrangers emploient dans le pays environ 2,3 millions de salariés.

Le **contrat de travail** peut être soit à durée indéterminée soit à durée déterminée (18 mois maximum et renouvelable une seule fois). Le salaire minimum mensuel (SMIC) est fixé par la loi.

Expatriés : les pays préférés des Français

C'est une bonne nouvelle ! Les Français sont de plus en plus nombreux à partir à l'étranger. Cette augmentation concerne tous les continents :
➤ Asie-Océanie (+ 17,2 %), Europe de l'Est (+ 15,4 %), Afrique non francophone (+ 13,4 %).

Le palmarès de la présence française dans le monde*

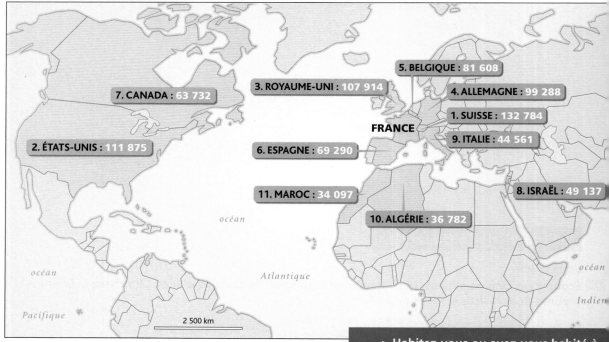

* chiffres 2007.

>>> CAS PRATIQUE >>> CAS PRATIQUE >>>

> Faites une enquête dans votre classe ou dans votre entreprise. Demandez qui a déjà habité à l'étranger.
> Quelles étaient les conditions ?
> Qui aimerait vivre à l'étranger ? Où ? Pourquoi ?

> Habitez-vous ou avez-vous habité à l'étranger ? Aimez-vous ou aimeriez-vous vivre à l'étranger ?
> Dans quel pays ? Pourquoi ?
> Qu'est-ce que vous souhaiteriez y faire ?

Le bulletin de paie des Français

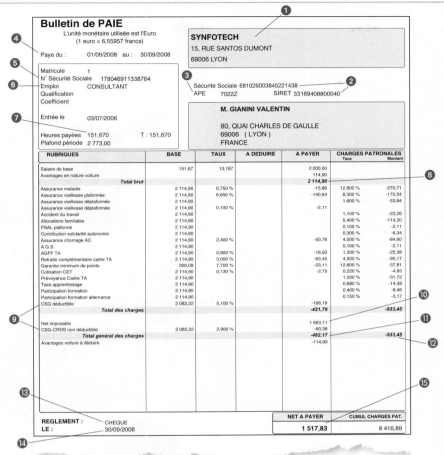

Bulletin de PAIE
L'unité monétaire utilisée est l'Euro
(1 euro = 6,55957 francs)

Paye du : 01/09/2008 au : 30/09/2008

Matricule	1
N° Sécurité Sociale	178046911338784
Emploi	CONSULTANT
Qualification	
Coefficient	

Entrée le 03/07/2006

Heures payées 151,670 T : 151,670
Plafond période 2 773,00

SYNFOTECH

15, RUE SANTOS DUMONT

69006 LYON

Sécurité Sociale 681026003845221438
APE 7022Z SIRET 33169408800040

M. GIANINI VALENTIN

80, QUAI CHARLES DE GAULLE
69006 (LYON)
FRANCE

RUBRIQUES	BASE	TAUX	A DEDUIRE	A PAYER	CHARGES PATRONALES Taux	Montant
Salaire de base	151,67	13,187		2 000,00		
Avantages en nature voiture				114,90		
Total brut				*2 114,90*		
Assurance maladie	2 114,90	0,750 %		-15,86	12,800 %	-270,71
Assurance vieillesse plafonnée	2 114,90	6,650 %		-140,64	8,300 %	-175,54
Assurance vieillesse déplafonnée	2 114,90				1,600 %	-33,84
Assurance vieillesse déplafonnée	2 114,90	0,100 %		-2,11		
Accident du travail	2 114,90				1,100 %	-23,26
Allocations familiales	2 114,90				5,400 %	-114,20
FNAL plafonné	2 114,90				0,100 %	-2,11
Contribution solidarité autonomie	2 114,90				0,300 %	-6,34
Assurance chomage AC	2 114,90	2,400 %		-50,76	4,000 %	-84,60
A.G.S.	2 114,90				0,100 %	-2,11
AGFF TA	2 114,90	0,800 %		-16,92	1,200 %	-25,38
Retraite complémentaire cadre TA	2 114,90	3,000 %		-63,45	4,500 %	-95,17
Garantie minimum de points	300,08	7,700 %		-23,11	12,600 %	-37,81
Cotisation CET	2 114,90	0,130 %		-2,75	0,220 %	-4,65
Prévoyance Cadre TA	2 114,90				1,500 %	-31,72
Taxe apprentissage	2 114,90				0,680 %	-14,38
Participation formation	2 114,90				0,400 %	-8,46
Participation formation alternance	2 114,90				0,150 %	-3,17
CSG déductible	2 082,22	5,100 %		-106,19		
Total des charges				*-421,79*		*-933,45*
Net imposable				1 693,11		
CSG-CRDS non déductible	2 082,22	2,900 %		-60,38		
Total général des charges				*-482,17*		*-933,45*
Avantages voiture à déduire				-114,90		

		NET A PAYER	CUMUL CHARGES PAT.
REGLEMENT : CHEQUE		**1 517,83**	8 416,89
LE : 30/09/2008			

❶ Nom et adresse de l'employeur.

❷ Numéros d'identification de l'employeur (Siret, Urssaf).

❸ Activité principale de l'entreprise (APE).

❹ Période de travail prise en compte.

❺ Numéro de sécurité sociale du salarié.

❻ Emploi et catégorie professionnelle du salarié.

❼ Nombre d'heures payées.

❽ Somme totale due avant déduction des retenues.

❾ Impôts prélevés à la source.

❿ Montant du salaire à déclarer aux impôts.

⓫ Montant des cotisations sociales dues par le salarié.

⓬ Montant des cotisations sociales dues par l'employeur.

⓭ Mode de paiement.

⓮ Date de versement du salaire.

⓯ Somme versée au salarié à la fin du mois.

• Les charges sociales patronales représentent plus de 50 % du salaire brut et les charges sociales salariales représentent environ 25 % du salaire brut.

• Certains impôts sont retenus sur le salaire : la contribution sociale généralisée (CSG) et la contribution au remboursement de la dette sociale (CRDS). Le salarié touche un salaire net.

• Chaque salarié cotise à la sécurité sociale, aux assurances chômage et vieillesse et aussi à un système de retraite complémentaire.

> Comparez le bulletin de paie français avec un bulletin de paie de votre pays.
> Quelles sont les différences ?

UNITÉ 3 LE *NEC PLUS ULTRA*

Vous allez vous entraîner à :

- décrire les fonctions d'un appareil usuel et préciser son utilité (ordinateur, téléphone...)
- présenter un service
- comparer des services
- indiquer des critères d'exception
- décrire le contenu d'un livre / d'un dossier et en donner des indications précises
- présenter les caractéristiques d'un produit
- parler de marketing / mercatique

Vous allez utiliser :

- le pronom personnel *en*
- le pronom personnel *y*
- les superlatifs
- le pronom relatif *dont*
- le pronom relatif *où*
- les adjectifs qualificatifs (place)
- le complément du nom avec *de*

Pour être capable :

- d'échanger à propos d'un appareil usuel (ordinateur, téléphone...)
- de décrire et de vanter un service
- de présenter un livre / un dossier pour le recommander
- de faire une fiche descriptive simple d'un produit en insistant sur ses points forts

A Il est pratique !

1. ÉCOUTEZ LE DIALOGUE

Le vendeur : Bonjour madame, on s'occupe de vous ?

La cliente : Non. Bonjour monsieur, je voudrais des informations sur cet ordinateur portable.

Le vendeur : Oui, c'est un bon produit et il est très pratique. Il pèse moins d'un kilo et il a une batterie avec une autonomie de 3 heures 30.

La cliente : C'est bien ! Et quels sont ses autres points forts ?

Le vendeur : La page d'accueil s'affiche en moins de trente secondes et vous avez accès à des logiciels pour écrire des textes, gérer des photos ou encore réaliser des vidéos ou communiquer par mail.

La cliente : Il permet de se connecter facilement à Internet ?

Le vendeur : Oui, deux clics suffisent pour y arriver.

La cliente : Mais, l'écran est un peu petit non ?

Le vendeur : C'est vrai, mais... vous voulez vous en servir comme ordinateur principal ?

La cliente : Non, j'en ai besoin pour mes déplacements. C'est juste pour consulter les messages ou surfer sur Internet.

Le vendeur : Alors, c'est parfait si vous ne l'utilisez pas pour travailler longtemps.

La cliente : Je peux y stocker beaucoup de photos ?

Le vendeur : Non, parce que son disque dur a une faible capacité.

La cliente : Dommage ! En tout cas, il est magnifique. Quel est son prix ?

Le vendeur : Quatre cent quatre-vingt-dix-neuf euros.

La cliente : Très bien, je le prends. Il a une housse de protection ?

Le vendeur : Non, il n'en a pas. C'est vendu à part. Vous en voulez une ?

2. VÉRIFIEZ VOTRE COMPRÉHENSION

Complétez la fiche technique de l'ordinateur.

PXR 478
Prix : .... Poids : ....
Autonomie : ....
Points forts : ....
....
Points faibles : ....
....

3. RETENEZ

Pour indiquer l'utilité :

Il est très pratique.
Il permet de se connecter facilement à Internet.
Je m'en sers comme ordinateur principal.
J'en ai besoin pour mes déplacements.
Je l'utilise pour surfer sur Internet.
C'est juste pour consulter les messages.

Pour décrire un ordinateur et parler de ses fonctions :

Il a une batterie avec une autonomie de 3 heures 30.
La page d'accueil s'affiche en moins de trente secondes.
Vous avez accès à des logiciels pour écrire des textes...
Il permet de se connecter facilement à Internet.
Deux clics suffisent pour...
L'écran est petit / large.
Le disque dur a une faible / grande capacité.

" LE VOCABULAIRE

batterie (n. f.)
clavier (n. m.)
disque dur (n. m.)
écran (n. m.)
gérer (v.)
housse (de protection) (n. f.)
logiciel (n. m.)
souris (n. f.)
stocker (v.)
surfer (v.)
"

4. COMMUNIQUEZ

1. Trop vieux.

**Au bureau, votre ordinateur a des problèmes
et vous souhaitez en avoir un autre.
Vous en parlez à la personne responsable du
matériel. Jouez la situation à deux.**

Rôle 1

Vous

Vous devez :
➤ décrire les problèmes
que vous rencontrez,
➤ exprimer votre souhait
de changer d'ordinateur,
➤ décrire les fonctions dont
vous avez besoin.

Rôle 2

La / la responsable
Vous devez :
➤ poser des questions sur
les problèmes rencontrés
et sur ce que votre
collègue souhaite,
➤ prendre une décision.

2. Nouvelle acquisition.

**Vous venez d'acquérir un nouvel appareil (téléphone, agenda électronique, GPS, smartphone...).
Écrivez un mail à un(e) ami(e) ou à un(e) collègue pour le lui annoncer. Donnez des précisions
sur l'appareil et dites ce qu'il vous permet de faire.**

B Elles en donnent plus !

1. LISEZ LE DOCUMENT

CLASSE AFFAIRES

Ils sont pressés et voyagent toujours en classe affaires.
Pour ces passagers qui paient cher, les compagnies aériennes font le maximum
pour offrir le service le plus adapté à la clientèle.

Les plus rapides à l'embarquement

Pour gagner du temps, les passagers d'**Air France**, de **British Airways** ou de **Lufthansa** peuvent s'enregistrer sur Internet et imprimer directement la carte d'embarquement et leurs étiquettes à bagages.
Les passagers « affaires » de **Malaysia Airlines** attendent le moins longtemps à l'aéroport. Ils n'ont pas besoin de se présenter tôt. Trente minutes avant le décollage des vols internationaux suffisent.

Les plus accueillants à l'aéroport

Pour faire oublier l'attente avant l'embarquement, toutes les compagnies disposent de salons privatifs.
La compagnie **Cathay Pacific** possède les salons les plus grands. À Hong Kong, elle propose à ses passagers deux espaces de 3 500 mètres carrés.
Des compagnies comme **Lufthansa**, à Franckfort, offrent de vraies salles de réunion avec le plus d'équipements possibles : wi-fi, fax, téléphone, ordinateurs...
Les salons de **British Airways**, de Londres et de New York, sont les plus relaxants. Ils proposent des massages et des soins personnalisés.

Les championnes du service à bord

Sièges ultra-confortables, repas à la carte, écrans vidéo dernier cri : tout est fait pour le confort du passager.
British Airways et **Malaysia Airlines** offrent le meilleur équipement en vol (wi-fi et écran personnel de 48 cm).
Air France propose la carte des vins la plus raffinée et on peut apprécier les meilleurs cafés sur **Cathay Pacific**, mais c'est **British Airways** qui respecte le mieux le rythme des passagers. Sur ses vols, on déjeune et on dîne quand on veut.

2. VÉRIFIEZ VOTRE COMPRÉHENSION

1. Relisez le document et complétez le tableau comparatif avec le signe « + » quand la compagnie propose la prestation.

Prestations	Air France	British Airways	Cathay Pacific	Lufthansa	Malaysia Airlines
1. Espace bien-être à l'aéroport.					
2. Enregistrement en ligne possible.					
3. Écran vidéo individuel à bord.					
4. Horaires de repas libres à bord.					
5. Produits raffinés à déguster à bord.					
6. Attente très courte à l'aéroport.					
7. Multimédia à disposition à l'aéroport.					

2. D'après vous, quelles compagnies offrent le meilleur service ?

3. RETENEZ

Pour décrire un excellent service :
Les compagnies font le maximum pour...
Elles offrent / disposent de vrai(e)s...
Elles possèdent la/les plus grand(e)s...
Elles offrent le meilleur...
Elles sont les championnes de...
Tout est fait pour...

Pour indiquer des critères d'exception :
Posséder **les plus** grands salons.
Être **les plus** rapides.
Proposer la carte des vins **la plus** raffinée.
Servir **les meilleurs** cafés.
Offrir le bar **le plus** agréable.

> Voir les outils linguistiques de l'unité 3, page 50.

Pour décrire un voyage en avion :
Un vol international / un vol intérieur.
Voyager en classe affaires / économique.
Enregistrer les bagages / mettre des étiquettes à bagages.
S'enregistrer.
Obtenir la carte d'embarquement.
Se présenter avant l'embarquement / le décollage.
Profiter du service à bord.
Regarder un film en vol.

❝ LE VOCABULAIRE
bagage (n. m.)
classe (n. f.)
décollage (n. m.)
embarquement (n. m.)
embarquer (v.)
enregistrement (n. m.)
enregistrer (v.)
étiquette (n. f.)
passager (n. m.)
siège (n. m.) **❞**

4. COMMUNIQUEZ

1. Vous êtes les meilleurs !
Vous êtes chargé(e) de vanter les services et/ou les produits de votre société. Décrivez-les dans une présentation à votre groupe (n'oubliez pas que « vous êtes les meilleurs ! »).

2. Un hôtel à recommander.
Un de vos fournisseurs doit venir en déplacement dans votre ville. Il ne sait pas dans quel hôtel loger.
Envoyez-lui un mail. Proposez-lui un hôtel et expliquez-lui pourquoi c'est le meilleur.

C Vivre mieux

1. ÉCOUTEZ LE DOCUMENT

« Bonjour. Le livre dont je vais vous parler aujourd'hui s'intitule *La Semaine des 14 heures*. Travaillez moins, gagnez plus et vivez mieux, c'est le programme que nous propose l'auteur qui s'appelle François Pons et qui est un jeune économiste, diplômé d'une université américaine où il a fait toutes ses études.

Son livre s'adresse aux personnes qui veulent échapper à la routine et qui ne veulent pas travailler jusqu'à 65 ans.

L'auteur voulait créer sa société, voyager, devenir champion de boxe et danseur de tango professionnel.

À trente ans, il a réalisé ses rêves et il explique sa méthode dont les principes sont simples, et que vous pouvez découvrir dans ce livre passionnant. Il est déjà numéro un des meilleures ventes du mois.

Vous y trouverez aussi des références et des adresses utiles pour réaliser vos rêves les plus fous.

En fait, pour l'auteur, tout est possible. Il faut juste savoir s'organiser et choisir le moment où on va changer de vie. »

2. VÉRIFIEZ VOTRE COMPRÉHENSION

Lisez les affirmations et dites si c'est « vrai », « faux » ou si « on ne sait pas » (?).

	Vrai	Faux	?
1. L'auteur est américain.			
2. L'auteur ne travaille plus.			
3. Le titre est : *La Semaine des 40 heures*.			
4. L'auteur a eu plusieurs projets professionnels dans la vie.			
5. L'auteur pense qu'il faut travailler plus.			
6. L'auteur propose une méthode.			
7. L'auteur donne des conseils pour monter une société.			
8. Ce livre a beaucoup de succès.			

3. RETENEZ

Pour parler d'un livre / d'un article / d'un dossier :

Le livre / le dossier / l'article dont je vais vous parler s'intitule...

Ce livre / ce dossier / cet article
- dont l'auteur / le contenu / le titre est...
- s'adresse aux personnes qui...

Dans ce livre / cet article / ce dossier, l'auteur
- raconte ses expériences...
- donne des conseils pour...
- explique sa méthode...

Ce livre est numéro un des meilleures ventes du mois.
Vous y trouverez des références / des conseils / des adresses utiles pour...

❝ LE VOCABULAIRE
auteur (n. m.)
méthode (n. f.)
principe (n. m.)
référence (n. f.)
routine (n. f.)
s'intituler (v.)
titre (n. m.) **❞**

4. COMMUNIQUEZ

1. À la page.

Vous avez lu un livre intéressant. Vous souhaitez le recommander à vos collègues. Écrivez un petit texte de présentation pour la rubrique *À la page* du journal de votre entreprise.

2. Oubli.

Vous avez besoin d'un dossier, mais vous ne le retrouvez pas. Demandez à votre assistant(e) de vous aider à le retrouver.
Donnez-lui le maximum d'informations. Jouez la situation à deux.

Rôle 1

Vous

Vous devez :
- ➤ donner quelques informations sur le dossier,
- ➤ répondre aux questions de votre assistant(e).

Rôle 2

L'assitant(e)

Vous devez :
- ➤ poser des questions pour avoir plus d'informations sur le dossier (contenu, titre, couleur, historique...).

D Guide pratique

1. LISEZ LE DOCUMENT

Fiche pratique

Comment « emballer » votre produit

Par Isabelle Pratisco
Coach et consultante
(Cabinet de formation *Ruby*)

Dans un rayon de supermarché, le consommateur passe en général 16 secondes et va souvent directement vers ses marques préférées. Imposer un nouveau produit n'est pas facile pour une entreprise. Pour y arriver, elle doit capter l'attention du client avec une couleur attrayante, un matériau inattendu ou encore une forme inhabituelle.

Règle n° 1

Pour commencer, analysez les emballages de vos concurrents et positionnez votre produit. Sera-t-il plus petit, plus moderne, moins strict, plus haut de gamme aussi... ?
Transmettez vos réflexions à une agence de packaging qui pourra vous proposer des idées nouvelles.

Règle n° 2

Soyez original. Un bon emballage doit avoir un impact immédiat sur le consommateur, mais attention, l'originalité doit rester acceptable. Si vous proposez une eau minérale dans une bouteille de verre jaune ou du chocolat fin dans une boîte en plastique, vous risquez de faire un flop*.

Règle n° 3

Adoptez la simplicité. Un emballage efficace est un emballage simple. Aujourd'hui le packaging est un vrai support de communication. Si vous avez un message à faire passer, le consommateur doit pouvoir le comprendre immédiatement.

Règle n° 4

Offrez un service. C'est, par exemple, le « petit plus »** pratique de l'emballage : des bouchons faciles à ouvrir ou des poignées solides sur des packs de lait ou d'eau.

Règle n° 5

Avant de lancer le produit, testez-le sur un échantillon de consommateurs qui vont donner leur avis.
Ce test doit se faire dans les mêmes conditions que dans un hypermarché bruyant et bondé, si vous voulez obtenir des résultats significatifs.

*Faire un flop (familier) : obtenir de mauvais résultats.
** Petit plus : petit avantage.

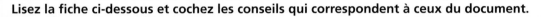

2. VÉRIFIEZ VOTRE COMPRÉHENSION ?

Lisez la fiche ci-dessous et cochez les conseils qui correspondent à ceux du document.

Des conseils pour attirer les clients

1. ❑ Pour créer votre emballage, observez d'abord les produits concurrents.
2. ❑ Offrez des échantillons gratuits aux clients.
3. ❑ Soyez créatif mais raisonnable.
4. ❑ Préférez les emballages écologiques.
5. ❑ Ne proposez pas de textes compliqués sur le produit.
6. ❑ Attirez les consommateurs grâce à un emballage exceptionnel.
7. ❑ Expliquez vos idées à un professionnel de l'emballage.
8. ❑ Choisissez toujours des couleurs claires.
9. ❑ Demandez à des consommateurs d'essayer votre produit.
10. ❑ Pour créer votre emballage, pensez aux enfants.
11. ❑ Calculez bien le prix de l'emballage.

❝ LE VOCABULAIRE
consommateur(trice) (n. m./f.)
échantillon (n. m.)
emballage (n. m.)
gamme (n. f.)
hypermarché (n. m.)
marque (n. f.)
produit (n. m.)
rayon (n. m.) ❞

3. RETENEZ

Pour donner les caractéristiques d'un produit :

Une couleur attrayante / originale.
Un matériau inattendu / écologique / économique.
Une forme inhabituelle / simple / pratique.

Un produit facile à...
Un produit efficace / pratique.
Un produit haut de gamme.

Pour parler de marketing / de mercatique :

Capter l'attention du client.
Imposer un nouveau produit.
Analyser / Positionner un produit.
Lancer / Tester un produit.
Proposer des idées nouvelles.

Faire passer un message.
Offrir un service.
Sélectionner un échantillon de consommateurs.
Obtenir des résultats significatifs.

4. COMMUNIQUEZ

1. Remue-méninges.

• *Étape n° 1* - **Travaillez par deux. Imaginez un nouveau produit courant (produit ménager, ustensile, produit de beauté, produit alimentaire...) et son emballage (respectez les conseils donnés dans le document, page 48).**

• *Étape n° 2* - **Préparez une petite fiche descriptive de votre produit en précisant :**
– **le type de produit et son nom,**
– **ses caractéristiques techniques,**
– **les caractéristiques de son emballage,**
– **la cible (quel type de clientèle),**
– **ses points forts.**

 2. Quel succès !

• *Étape n° 3* - **Ce produit est maintenant sur le marché et se vend très bien.**
Racontez son historique (de la conception au lancement) à une personne qui ne travaille pas dans votre entreprise et qui vous pose des questions sur ce succès (Comment est venue l'idée ? Comment s'est fait le lancement ? Est-ce que le produit a plu tout de suite ? Pourquoi ? Qui l'achète ?...). Jouez la situation à deux.

1. LE PRONOM PERSONNEL EN

Pour éviter les répétitions.

– Il a **une housse** de protection ? – Non, il n'**en** a pas. C'est vendu à part. Vous **en** voulez **une** ?	– Vous voulez **vous en servir** comme ordinateur principal ? – Non, j'**en ai besoin** pour mes déplacements.
Pour ne pas répéter un nom précédé d'un **article indéfini** (*un, une, des, de*), on utilise le pronom **EN**. ⚠ Avec une quantité on utilise le pronom **EN**, puis on précise la quantité. Exemple : J'**en** ai **trois**.	Pour ne pas répéter un nom précédé d'un **verbe + de**, on utilise le pronom **EN**. → **se servir d'**un ordinateur. → **avoir besoin d'**un ordinateur.

2. LE PRONOM PERSONNEL Y

Pour éviter les répétitions.

– Je peux stocker beaucoup de photos **dans l'ordinateur** ? → – Je peux **y** stocker beaucoup de photos ?	– Deux clics suffisent pour **arriver à** se connecter. → – Deux clics suffisent pour **y** arriver.
Pour remplacer un nom précédé d'une **préposition de lieu** (*à, dans, sur*...), on utilise le pronom **Y**.	Pour ne pas répéter un nom ou un verbe précédé d'un **verbe + à**. On utilise le pronom **Y**. Autres verbes : *penser à quelque chose, réfléchir à quelque chose.*

3. LES SUPERLATIFS

Pour comparer et indiquer les « champions ».

Avec un adjectif	Avec un verbe	Avec un nom
Elles offrent le service **le plus adapté**. On peut déguster **les meilleurs** cafés.	Les passagers qui **attendent le moins** / **le plus** longtemps. C'est la compagnie qui **respecte le mieux** le rythme des passagers.	Elles proposent **le plus d'équipements** possibles.
Le, la, les + plus + adjectif. **Le, la, les + moins + adjectif.**	**Verbe + le plus / le moins.**	**Le plus de / le moins de + nom.**

⚠ Certains superlatifs sont irréguliers.
- On peut déguster **les meilleurs** cafés (= **les plus bons**). → le / la / les meilleur(e)(s).
- C'est la compagnie qui respecte **le mieux** le rythme des passagers (= **le plus bien**). → **le mieux.**

4. LE PRONOM RELATIF DONT

Pour donner des précisions.

Avec un nom	Avec un verbe
L'auteur explique sa méthode. **Les principes de** la méthode sont simples. → L'auteur explique sa méthode **dont** les principes sont simples.	Voici le livre. Je vais vous **parler de** ce livre. → Voici le livre **dont** je vais vous parler.
On utilise le pronom relatif **dont** : – pour relier des phrases et donner des précisions avec un complément de nom.	On utilise le pronom relatif **dont** : – pour relier des phrases et donner des précisions à l'aide d'un **verbe + de**.

5. LE PRONOM RELATIF OÙ

Pour donner des précisions.

Il faut choisir *un moment* / *un jour*. On va changer de vie **à ce moment-là** / **ce jour-là**. → Il faut choisir le moment **où** on va changer de vie.	Il est diplômé d'une université. Il a fait toutes ses études **dans cette université**. → Il est diplômé d'une université **où** il a fait toutes ses études.
Pour relier des phrases et donner des précisions à l'aide d'un complément de temps (nom qui indique un moment), on utilise le pronom relatif **OÙ**.	Pour relier des phrases et donner des précisions à l'aide d'un complément de lieu (*à, au, en, sur, dans...* + nom de lieu), on utilise le pronom relatif **OÙ**.

6. LA PLACE DES ADJECTIFS

Pour décrire.

La marque **préférée**. Une forme **originale**.	Un **bon** emballage. La **première** règle.
Les adjectifs se placent en général **après** le nom.	Quelques adjectifs se placent **avant** le nom : *bon, gros, grand vieux, jeune, premier, deuxième...*

⚠ Tous les adjectifs s'accordent avec le **nom**.

7. LE COMPLÉMENT DU NOM AVEC DE

Pour indiquer la matière, la fonction, le possesseur, la contenance.

La matière	La fonction	Le possesseur	La contenance
Une bouteille **de** verre.	Une agence **de** packaging. Un support **de** communication.	Les emballages **de** vos concurrents. Le plus **de** l'emballage. ⚠ Avec **le** et **les** → **du, des**. Exemple : L'emballage ~~de le~~ produit. → L'emballage **du** produit.	Des packs **de** lait. Un échantillon **de** consommateurs.

PRONONCEZ

Écoutez ce dialogue et marquez les liaisons que vous entendez. Trouvez les lettres qui changent de son pour la liaison. Puis, jouez ce dialogue.

Exemple : Bonjour monsieur, je voudrais acheter un‿ordinateur.

La cliente : Bonjour monsieur, je voudrais acheter un ordinateur.
Le vendeur : C'est votre premier ordinateur ?
La cliente : Non, j'en ai déjà un à la maison.
Le vendeur : Vous en voulez donc un deuxième plus petit, j'imagine.
La cliente : Oui, j'en ai besoin pour mes présentations à l'étranger.
Le vendeur : Cet ordinateur plaît beaucoup à tous nos clients et son prix est très intéressant.
Quand on a ouvert ce matin à neuf heures, on a vendu six ordinateurs de ce modèle, en deux heures.
La cliente : Très bien, je le prends. Vous le vendez avec une housse de protection ?
Le vendeur : Non, il n'en a pas. C'est vendu à part. Vous en voulez une ?

1. Dernier cri

Complétez la présentation avec *en*, *y* ou *le*.

Le téléphone portable FK GT 345 est un mobile très fin et léger. Vous pouvez ... ranger facilement dans la poche. Nous ... recommandons car il regroupe les principales fonctions multimédias. Vous pourrez par exemple vous ... servir pour consulter vos mails.

Ce nouveau mobile est actuellement disponible dans toutes les boutiques *Madacom*.

Vous pouvez ... aller ou ... commander un sur notre site.

Pensez- ... pour vos cadeaux de fin d'année !

2. Textos urgents

Retrouvez les superlatifs utilisés dans les textos.

1. « J'ai trouvé (+ / bons) ... prix ! » Sabine
2. « STP, peux-tu réserver (+ / grande) ... salle pour le séminaire. Merci ! » Georges
3. « Cherche le billet (- / cher) ... pour Mexico. » Paul
4. « Achète le modèle à 56 euros. C'est (+ / performant) ... . » Arielle
5. « Tu as la liste des entreprises (- / connues) ... ? » Fred
6. « Vous devez choisir (+ / bonne) ... solution. » Fabrice
7. « Vous pouvez trouver les adresses (+ / intéressantes) ... sur notre site. » Le service clientèle
8. « Prends l'ordinateur (- / lourd) ... pour ta mission. » Patrick

3. Coup de pub !

Complétez les slogans publicitaires avec les pronoms relatifs *que* ou *dont*.

1. CACTUS, la voiture ... vous avez rêvé !
2. PETIT CRU, le fromage ... vous dévorerez !
3. BULLE, l'eau ... vous boirez sans avoir soif !
4. PAMPLEMOUSSE, le gel douche ... les enfants parlent !
5. AIRJET, la compagnie ... le monde entier choisit !
6. ABARICA, un café ... le goût vous restera !

4. C'est un succès !

Placez les adjectifs ci-dessous au bon endroit et accordez-les. (Ils sont donnés dans l'ordre.)

> 1. bon - 2. premier - 3. dernier - 4. petit - 5. efficace - 6. nouveau - 7. original - 8. amusant - 9. joli - 10. agréable - 11. pratique - 12. abordable - 13. prochain

Michèle,
Ce message pour t'annoncer une ❶ ... **nouvelle** ... .
Ça y est, on a les ❷ ... **résultats** ... de notre enquête et Fabrice m'a envoyé les ❸ ... **chiffres** ... de vente. Ils sont excellents.
La ❹ ... **équipe** ... du service marketing a vraiment fait une ❺ ... **campagne de publicité** ... .
Notre ❻ ... **marque** ... de vêtements plaît à la clientèle.
Les jeunes trouvent que nous proposons des ❼ ... **produits** ... et des ❽ ... **collections** ... .
En fait, ce qu'ils recherchent ce sont :
De ❾ ... **tissus** ..., des ❿ ... **matières** ..., des ⓫ ... **modèles** ..., des ⓬ ... **prix** ... .
C'est tout à fait ce que nous proposons !
Nous devons nous réunir ⓭ ... **jeudi** ... à 10 h, pour en parler. Seras-tu libre ?
Cordialement. Thomas

1. COMPRÉHENSION ÉCRITE

Cas d'entreprise.
a) Lisez l'article suivant.

Comment la marque *GINA* réussit-elle ?

Être à la mode sans dépenser beaucoup d'argent. C'est ce que propose la marque *Gina* en offrant à ses clientes une sélection de vêtements inspirés de la haute couture.

Pour y arriver, elle envoie ses deux cents jeunes stylistes repérer les plus beaux vêtements des défilés de mode pour les reproduire. Puis, les modèles les plus à la mode sont fabriqués dans ses usines en Europe.

Pour attirer la clientèle, la marque a une stratégie : toutes ses boutiques dans le monde sont organisées de la même façon. Les produits les moins chers sont mis en évidence et positionnés à l'entrée du magasin pour attirer les clientes, et il y a de petits panneaux qui captent l'attention sur des vêtements basiques dont les prix sont inférieurs à dix euros.

La marque se donne également comme objectif de toujours renouveler les modèles proposés. De nouveaux articles arrivent ainsi dans les magasins deux fois par semaine. Et ça marche ! Les clientes le savent et reviennent souvent. Cette stratégie a un autre avantage : les clientes ne peuvent pas prendre le temps de comparer les prix parce que les articles partent très vite.

Autre point fort : les vêtements sont pour toutes les catégories de clientes, mais les magasins ressemblent à des boutiques de luxe. À l'intérieur, la décoration, les matériaux et les lumières valorisent les produits et donnent l'impression aux clientes qu'elles sont dans l'univers des grandes marques.

b) Lisez les affirmations ci-dessous et dites si c'est « vrai », « faux » ou si « on ne sait pas » (?).

	Vrai	Faux	?
1. *Gina* est une marque française.			
2. C'est une marque de vêtements de luxe.			
3. Les stylistes de la marque proposent des modèles jamais vus.			
4. La marque a toutes ses usines en Europe.			
5. Chaque boutique de la marque est différente.			
6. On peut y trouver des vêtements très bon marché.			
7. On laisse aux clientes le temps de réfléchir et de comparer les prix.			
8. La décoration des boutiques *Gina* est très étudiée.			

2. COMPRÉHENSION ORALE

Une enquête de satisfaction.

Écoutez le document. Complétez la fiche.

ENQUÊTE DE SATISFACTION

Client(e) n° 43

1. Premier achat :
   Oui ❏
   Non ❏

2. A connu le produit par :
   – une publicité. ❏
   – un autre consommateur. ❏
   – une promotion. ❏

3. Fréquence d'utilisation ?
   – souvent. ❏
   – rarement. ❏
   – jamais. ❏

4. Commentaires positifs sur le produit et son emballage : ....
....

5. Commentaires négatifs sur le produit et son emballage : ....
....

Comment remplir un document : le bon de commande

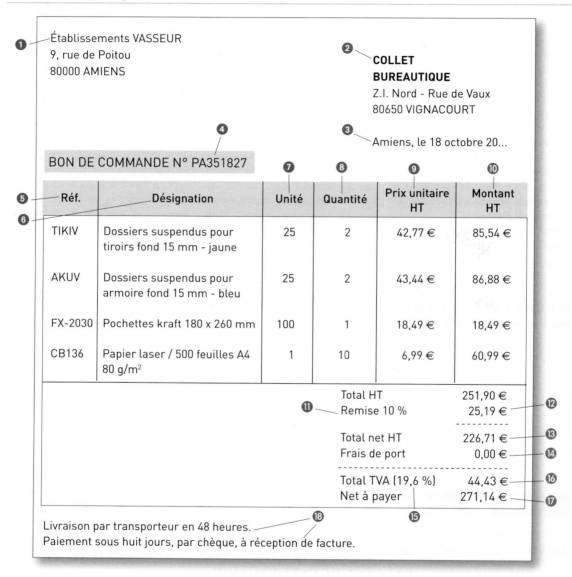

❶ Établissements VASSEUR
9, rue de Poitou
80000 AMIENS

❷ **COLLET
BUREAUTIQUE**
Z.I. Nord - Rue de Vaux
80650 VIGNACOURT

❸ Amiens, le 18 octobre 20...

❹ BON DE COMMANDE N° PA351827

❺ Réf. ❻	Désignation	❼ Unité	❽ Quantité	❾ Prix unitaire HT	❿ Montant HT
TIKIV	Dossiers suspendus pour tiroirs fond 15 mm - jaune	25	2	42,77 €	85,54 €
AKUV	Dossiers suspendus pour armoire fond 15 mm - bleu	25	2	43,44 €	86,88 €
FX-2030	Pochettes kraft 180 x 260 mm	100	1	18,49 €	18,49 €
CB136	Papier laser / 500 feuilles A4 80 g/m²	1	10	6,99 €	60,99 €

Total HT	251,90 €
⓫ Remise 10 %	25,19 € ⓬
Total net HT	226,71 € ⓭
Frais de port	0,00 € ⓮
Total TVA (19,6 %)	44,43 € ⓰
Net à payer	271,14 € ⓱

⓯

Livraison par transporteur en 48 heures. ⓲
Paiement sous huit jours, par chèque, à réception de facture.

❶ Nom et adresse du client (acheteur)
❷ Raison sociale et adresse du fournisseur
❸ Lieu et date de création du bon de commande
❹ Numéro du bon de commande
❺ Référence de l'article
❻ Nature de l'article
❼ Nombre de pièces à l'unité
❽ Quantité (nombre d'unités)
❾ Prix unitaire hors taxes

❿ Montant hors taxes de l'article (quantité x PU HT)
⓫ Taux de la réduction
⓬ Montant de la réduction
⓭ Total net hors taxes (HT)
⓮ Frais de transport
⓯ Taux de la taxe sur la valeur ajoutée (TVA)
⓰ Montant de la TVA
⓱ Montant total (net à payer) toutes taxes comprises (TTC)
⓲ Conditions de vente (livraison, mode de paiement)

Publicité et culture(s)

Comment un seul produit peut-il séduire des millions de consommateurs aux habitudes de vie et d'alimentation si différentes ?

Avant de rédiger une brochure, créer un site Internet, réaliser un packaging, sur chaque marché, il est important de connaître les us et coutumes de l'autre pour réussir sa communication.

Un Français peut être séduit par l'esthétique d'une belle brochure alors qu'un Allemand ou un Suédois préféreront des propos concrets qui vont les rassurer. Quand un Français est attiré par l'image d'un produit, son voisin allemand demandera un descriptif beaucoup plus explicite et une information sur les performances techniques.

En France, les publicitaires utilisent souvent des slogans qui reflètent des valeurs comme par exemple cette annonce pour un pneu : « Il raccompagne ma fille même quand il pleut et je ne lui ai jamais dit merci ». Dans d'autres pays, ces valeurs n'intéressent pas les gens ou peuvent même les embarrasser.

Si dans les pays occidentaux, l'originalité du packaging joue un rôle dans la décision d'achat, les consommateurs d'Europe centrale et orientale attendent un emballage simple et utile, les emballages trop sophistiqués sont considérés comme du gaspillage.

Enfin, il faut tenir compte des habitudes culturelles pour éviter les erreurs et les malentendus : montrer sa semelle est signe d'incorrection et d'impolitesse dans les pays du Golfe et la bise étonne les Asiatiques.

Stop pub !

Les boîtes mails et les boîtes aux lettres sont remplies de publicités : mails publicitaires, courriels indésirables, bandeaux, lettres circulaires, prospectus, dépliants, brochures, catalogues.

>>> CAS PRATIQUE >>> CAS PRATIQUE >>> CAS PRATIQUE

> Qu'en est-il dans votre pays ? Quel type de publicité est le plus fréquent ? Pour quel type de produits ?

> Comment réagissez-vous face à tous ces documents publicitaires ? Est-ce que vous les lisez ? les gardez ? ou les jetez ? Est-ce qu'ils vous ont été utiles dans vos achats ?

> Existe-t-il des tabous dans les images publicitaires ? Lesquels ? Mettez-vous en groupes et échangez vos idées.

UNITÉ 4 VOUS AVEZ DIT « ÉCOLO » ?

Vous allez vous entraîner à :
- exprimer la nécessité
- faire des recommandations
- vous présenter au téléphone
- donner des instructions téléphoniques
- donner des instructions de travail
- rapporter les propos de quelqu'un
- décrire une entreprise (son historique, ses activités et sa politique commerciale)
- vous engager à faire quelque chose
- exprimer un souhait
- faire des suggestions
- inciter
- vanter les attraits d'une région

Vous allez utiliser :
- les expressions impersonnelles + infinitif
- les adjectifs *tout* / *toute*
- le discours indirect au présent
- la forme négative et les pronoms indéfinis : *quelqu'un* / *rien* / *personne* / *quelque chose*
- le conditionnel présent pour le souhait et la suggestion + infinitif

Pour être capable :
- de rédiger une charte simple sur un comportement à suivre
- d'échanger de manière simple à propos d'une action envisagée / d'un fait de société
- de laisser un message sur une boîte vocale
- d'informer ou s'informer sur une destination touristique / une région afin d'organiser un voyage

A Une charte écolo

1. LISEZ LE DOCUMENT

À *tout le personnel*

- Parce que les gestes de tous les jours ont un impact sur l'environnement
- Parce que chaque produit ou emballage deviendra un jour un déchet
- Parce la responsabilité de notre entreprise est de veiller à la protection de l'environnement

IL FAUT AGIR ENSEMBLE.
Adoptons les bons gestes au bureau.
Mettons-les en pratique au quotidien.

1. CHANGEONS NOS COMPORTEMENTS :
il est important d'éteindre son ordinateur pendant toutes les pauses-déjeuner et les réunions.

2. AMÉNAGEONS NOTRE BUREAU :
mieux vaut installer son poste de travail près d'une fenêtre et profiter de la lumière du jour.

3. ÉVITONS DE GASPILLER :
il est désormais obligatoire d'utiliser du papier et des cartouches d'encre recyclés dans les imprimantes.

4. Il est aussi urgent de réduire le nombre d'impressions.

5. BUVONS ÉCOLO :
il est préférable de remplacer tous les gobelets en plastique jetable par une tasse personnelle.

6. SOYONS SYSTÉMATIQUES :
il est indispensable de trier tous les emballages et les produits usagés.

7. FAISONS-NOUS CONDUIRE :
il est recommandé d'utiliser les transports en commun ou le covoiturage.

8. ÉVITONS LES VOYAGES INUTILES :
il est nécessaire de limiter les déplacements en avion et d'utiliser au maximum la vidéoconférence.

2. VÉRIFIEZ VOTRE COMPRÉHENSION

1. Classez les bons gestes qui correspondent à chaque objectif du plan d'action en notant le numéro qui convient.

A. Il est impératif de limiter et de trier ses déchets.

.... / .... / .... / ....

B. Il faut diminuer la consommation d'énergie.

.... / .... / .... / ....

2. Relisez les trois parties du document et dites dans quel ordre sont annoncées les intentions.

1. Inviter à l'action. ....   2. Suivre des mesures. ....   3. Constater des faits. ....

3. RETENEZ

Pour indiquer une nécessité :
Il faut...
Il est obligatoire de...
Il est urgent de...
Il est indispensable de...
Il est nécessaire de...

Pour faire des recommandations :
Il est important de...
Il vaut mieux / mieux vaut...
Il est préférable de...
Il est recommandé de...

> Voir les outils linguistiques
de l'unité 4, page 66.

" LE VOCABULAIRE
cartouche d'encre (n. f.)
charte (n. f.)
covoiturage (n. m.)
déchet (n. m.)
écologique (adj.)
environnement (n. m.)
environnemental(e) (adj.)
gaspiller (v.)
gobelet (n. m.)
impact (n. m.)
jetable (adj.)
protection (n. f.)
recyclé(e) (adj.)
usagé(e) (adj.)
veiller (à) (v.)
vidéoconférence (n. f.) **"**

4. COMMUNIQUEZ

1. Une charte éthique.
Vous faites partie d'un comité de réflexion sur la politique environnementale dans votre quartier, dans votre ville ou dans votre université.
Mettez-vous en petits groupes et échangez vos idées. Rédigez une charte éthique.

2. Êtes-vous un(e) éco-responsable ?
Avez-vous des gestes écologiques au bureau ? chez vous ? dans votre vie quotidienne ? dans le choix de vos achats ?
Êtes-vous un(e) éco-responsable ou un(e) éco-consommateur(trice) ?
Dites ce que vous faites dans votre vie de tous les jours. Parlez-en à votre groupe.

B Un message pour monsieur Godot

1. ÉCOUTEZ LE DOCUMENT

1. *Messagerie de Michel Godot :*
« Bonjour. Vous êtes sur la boîte vocale de Michel Godot. Je suis actuellement absent. Laissez-moi vos coordonnées, je vous rappellerai. »

2. *Voix de l'opératrice :*
« Pour déposer votre message, veuillez parler après le signal sonore. Puis raccrochez ou faites le 1 pour réécouter votre message. »

3. *Message de Florence Chatel :*
« Bonjour. Ici Florence Chatel de la société *Bioland*. Je vous appelle de la part de monsieur Moraud. Il demande si vous avez bien reçu notre charte de qualité. Il demande aussi où se trouvent les lieux de production et quand il est possible de visiter votre usine.
Il veut savoir ce que vous utilisez comme matières premières et comment vos appareils sont fabriqués. Il dit qu'il veut connaître l'origine de vos produits avant de vous passer une commande importante, et bien sûr savoir si vous respectez bien le cahier des charges.
Il vous demande de le rappeler d'urgence pour fixer un rendez-vous. Au revoir et merci. »

4. *Voix de l'opératrice :*
« Pour réécouter votre message, faites le 1. Pour effacer et réenregistrer, faites le 2. Pour quitter la messagerie, raccrochez. »

2. VÉRIFIEZ VOTRE COMPRÉHENSION

Lisez le message intranet que monsieur Moraud a laissé à son assistante et dites si Florence Chatel a bien suivi les instructions. Soulignez d'une même couleur chacune des instructions ci-dessous et la partie du message téléphonique qui lui correspond.

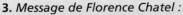

Veuillez appeler monsieur Godot.
Je veux connaître les conditions de fabrication avant de passer un ordre.
Merci de lui poser les questions suivantes :
1. Qu'est-ce qu'ils utilisent comme matières premières ?
2. Où sont les lieux de production ?
3. A-t-il bien reçu notre charte de qualité ?
4. Quand est-il possible de visiter l'usine ?
5. Comment sont fabriqués les appareils ?
6. Est-ce qu'il respecte le cahier des charges ?

Demandez-lui de me rappeler d'urgence et reportez mon rendez-vous de cet après-midi à demain 10 heures.
Il faudrait aussi organiser mon déplacement.
Ne pas oublier de préparer la réunion de lundi.

3. RETENEZ

Pour se présenter au téléphone :
Vous êtes sur la messagerie / boîte vocale de (+ nom)...
Ici *Florence Chatel* (nom) de la société...

Pour donner des instructions téléphoniques :
Laissez-moi vos coordonnées.
Veuillez parler après le signal sonore.
Pour déposer votre message...
Pour réécouter votre message, faites le 1.

Pour donner des instructions de travail :
Veuillez appeler...
Merci de...
Demandez-lui de... / Reportez...
Il faudrait...
Ne pas oublier de...

❝ LE VOCABULAIRE
cahier des charges (n. m.)
commande (n. f.)
fabrication (n. f.)
lieu (de production) (n. m.)
matière première (n. f.)
usine (n. f.) **❞**

Pour rapporter des propos :

Il demande
Il veut savoir
{
si vous avez reçu la charte.
où se trouvent les lieux...
quand il est possible de visiter...
ce que vous utilisez comme matières premières.
comment vos appareils sont fabriqués.
}

Il dit qu'il veut connaître l'origine de vos produits.
Il vous demande de le rappeler.

4. COMMUNIQUEZ

1. Je vous appelle de la part de...
Votre patron a laissé un message. Vous appelez l'agence de voyages et laissez un message sur la boîte vocale du correspondant car la ligne est occupée.

Merci d'appeler d'urgence l'agence de voyages pour l'organisation du séminaire.
1. Ont-ils la confirmation de la réservation des chambres d'hôtel en service club ?
2. Est-ce que la salle de réunion est équipée ?
3. Où se trouve le parc d'exposition ?
4. Combien de visites sont organisées ?
5. Qu'est-ce qu'ils ont prévu comme type de transport ?
6. Quand va-t-on recevoir le devis du séminaire ?
7. Prévoyez un accueil à l'aéroport.

2. Message de l'agence.
L'agence de voyages vous a rappelé(e).
Vous informez votre patron par mail de la réponse de l'agence. Vous lui indiquez les prestations qu'elle propose et vous lui rapportez les questions qu'elle pose (équipement, participants, repas...). Rédigez le courriel.

C Des éco-entrepreneuses racontent

1. LISEZ LE DOCUMENT

1. Hélène de la Moureyre, fondatrice des sacs *bilum* ▶

Après sept années dans la publicité, j'ai décidé de monter ma société. J'ai toujours souhaité être indépendante. Je viens d'une famille nombreuse où on ne jetait rien, comme dans les pays en voie de développement où on récupère et où on transforme tous les matériaux. Peu de monde croyait à cette idée en France, mais je n'ai écouté personne et rien ne pouvait m'arrêter.

Chez *bilum*, nous recyclons les bâches publicitaires géantes que nous découpons en petits morceaux pour en faire des sacs uniques. Les anses sont des ceintures de sécurité.

bilum travaille aujourd'hui avec trois établissements « ESAT »*, qui emploient des personnes handicapées. Les ateliers sont spécialisés en bagagerie et situés en région parisienne, cela me permet de connaître toutes les personnes qui travaillent pour *bilum*. C'est essentiel pour moi.

Travail en local et création d'objets à partir de matériaux récupérés qui ont ainsi une seconde vie : voilà les valeurs que je défends à travers *bilum*, dont la signature est : « *bilum* : unique, éthique, écologique ». (www.bilum.fr)

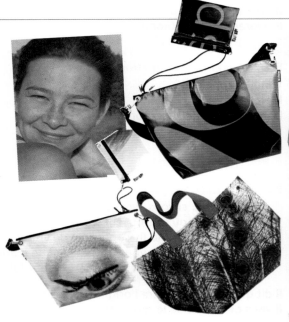

2. Karine Rodriguez, fondatrice de la marque *Cruselita*

Nous avons fondé *Cruselita* à deux : Éméric était ingénieur agronome et moi, juriste pour une ONG**. L'idée des bijoux est venue de notre amour pour l'Afrique : nous voulions faire quelque chose pour promouvoir les savoir-faire de ce continent.

Nous travaillons selon les principes du commerce équitable : nous réglons toujours d'avance 50 % à 90 % du montant de la commande et nous nous engageons sur des ordres réguliers. Nos bijoux en emballages métalliques recyclés ainsi que les modèles en corne sont fabriqués par des artisans à Madagascar.

Nous veillons aux conditions de travail, nous garantissons une juste rémunération et nous finançons des projets de développement locaux. Par exemple, tous les enfants des artisans qui travaillent pour nous sont scolarisés.

C'est assez magique pour un artisan malgache de savoir que ce qu'il a fabriqué va se retrouver dans des boutiques prestigieuses en Europe et de voir son niveau de vie considérablement s'améliorer. (www.cruselita.com)

---

* ESAT : Établissement et service d'aide par le travail.   **ONG : organisation non gouvernementale.

2. VÉRIFIEZ VOTRE COMPRÉHENSION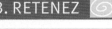

Complétez les deux fiches de renseignements.

1. Nom de la créatrice d'entreprise :

....

Expérience professionnelle :

....

Nom de l'entreprise :

....

Activité de l'entreprise :

....

Lieu de production :

....

Matériaux utilisés :

....

2. Nom de la créatrice d'entreprise :

....

Expérience professionnelle :

....

Nom de l'entreprise :

....

Activité de l'entreprise :

....

Lieu de production :

....

Matériaux utilisés :

....

3. RETENEZ

Pour décrire une entreprise, son historique, ses activités et sa politique commerciale :
J'ai décidé de **monter ma société**.
Nous avons fondé / créé *Cruselita*.
Peu de monde croyait à cette idée en France.
Je n'ai écouté personne.
Rien ne pouvait m'arrêter.
L'idée des bijoux **est venue de** notre amour pour l'Afrique.
Nous voulions faire quelque chose pour ce continent.
Nous travaillons selon les principes du commerce équitable.
Nous nous engageons sur des ordres réguliers.
Nous réglons toujours d'avance.
Nous veillons aux conditions de travail.
Nous garantissons une juste rémunération.
Nous finançons des projets.

" LE VOCABULAIRE
agronome (n. m.)
artisan (n. m.)
boutique (n. f.)
commerce (n. m.)
élaborer (v.)
équitable (adj.)
établissement (n. m.)
financer (v.)
juriste (n. m./f.)
mettre au point (v.)
ordre (n. m.)
prestigieux(se) (adj.)
principe (n. m.)
régler (v.) **"**

> Voir les outils linguistiques de l'unité 4, page 67.

4. COMMUNIQUEZ

1. Un commerce équitable.
Vous devez rédiger un court article pour le journal de votre entreprise, de votre ville ou de votre université. Écrivez sur une entreprise de commerce équitable ou une entreprise modèle ou exceptionnelle que vous connaissez.

2. Un projet éthique.
Vous souhaitez :
– faire quelque chose pour un pays, des personnes, une ONG,
– créer votre boîte ou travailler selon des principes éthiques.
Échangez vos idées en sous-groupes et présentez votre projet au reste du groupe.

D Une destination verte

1. ÉCOUTEZ LE DIALOGUE

Brigitte : Agence *Transtour*, bonjour. Brigitte à votre service.

Thomas Rufin : Bonjour Brigitte. Ici Thomas Rufin de la société *Arco*.

Brigitte : Oui, bonjour monsieur Rufin !

Thomas Rufin : Je vous appelle au sujet du voyage annuel que le comité d'entreprise organise du 17 au 24 septembre. Cette année, on aimerait bien proposer un voyage au Canada parce que l'écotourisme y est très développé. On souhaiterait quelque chose d'un peu original pour un groupe de trente personnes.

Brigitte : Et bien, que diriez-vous d'un circuit dans la région du Québec ? La nature y est grandiose et les Canadiens mettent tout en œuvre pour préserver leur flore et leur faune et faire respecter l'environnement. Avez-vous entendu parler de la Route Verte ?

Thomas Rufin : Non, pas du tout. Qu'est-ce que c'est ?

Brigitte : Il s'agit d'un itinéraire cyclable de 4 000 kilomètres qui traverse plusieurs régions. On pourrait prévoir un parcours dans le parc national de la rivière Jacques-Cartier. Il offre un paysage magnifique avec une vallée spectaculaire.

Thomas Rufin : Dites-moi, il faut être sportif et tout le monde ne l'est pas. Non, il faudrait proposer plusieurs activités. Ce serait bien aussi d'aller voir les baleines.

Brigitte : Oui, bien sûr, c'est vraiment incontournable. Et si on proposait un safari d'observation en kayak ? L'estuaire du Saint-Laurent est un site unique au monde. La réserve naturelle de cap Tourmente vaut aussi le détour, avec ses centaines d'espèces d'oiseaux migrateurs.

Thomas Rufin : Ouais... bof...

Brigitte : J'ai encore une autre suggestion : et pourquoi aussi ne pas aller à la rencontre des Amérindiens* et découvrir leur mode de vie ? Vous serez reçus très chaleureusement. C'est vraiment une expérience à ne pas manquer. Vous devriez le proposer au programme. Ça vous plairait ?

Thomas Rufin : Écoutez, tout ça me paraît très bien. Pourriez-vous m'envoyer un devis avec plusieurs propositions de circuit ? Vous connaissez nos exigences.

Brigitte : D'accord. Je vous envoie par mail plusieurs suggestions avec une cotation.

Thomas Rufin : Bon, au revoir, Brigitte. J'attends vos propositions.

Brigitte : Je vous envoie tout ça sans faute. Vous pouvez compter sur moi. Au revoir, monsieur Rufin.

*Les Amérindiens : Indiens d'Amérique du Nord.

2. VÉRIFIEZ VOTRE COMPRÉHENSION

Complétez la demande de cotation en précisant les activités proposées par l'agence de voyages.

*Pax : personne ou passager.

DEMANDE DE COTATION

Société : ...
Adresse : 10, avenue du Parc
Ville : Palaiseau
Code postal : 91120
Téléphone : 01 60 14 98 07
Mail : trufin@arco.org

Dates du voyage : ...
Pays : ...
Activités proposées
• Activités sportives : ...
• Visites de sites naturels : ...
• Activité culturelle : ...
Nombre de pax* : ...

3. RETENEZ

Pour s'engager à faire quelque chose :
Je vous envoie tout ça sans faute.
Vous pouvez compter sur moi.

Pour exprimer un souhait :
On aimerait...
On souhaiterait...

> Voir les outils linguistiques de l'unité 4, page 67.

Pour suggérer :
Que diriez-vous de...
On pourrait...
Il faudrait...
Ce serait bien...
Et si on proposait...

Pourquoi ne pas aller...
Si vous voulez, vous pouvez...
Vous devriez...
Ça vous plairait ?

Pour inciter :
La réserve naturelle de cap Tourmente **vaut le détour**.
Ça vaut le détour.
C'est vraiment une expérience **à ne pas manquer**.
C'est incontournable.

Pour vanter les attraits d'une région et de ses habitants :
La nature y est grandiose.
Un paysage magnifique avec une vallée spectaculaire.
Un site unique au monde.
Elle vaut le détour, avec ses centaines d'espèces d'oiseaux migrateurs.
Vous serez reçus très chaleureusement.

❝ LE VOCABULAIRE
circuit (n. m.)
cyclable (adj.)
écotourisme (n. m.)
espèce (n. f.)
estuaire (n. m.)
faune (n. f.)
flore (n. f.)
grandiose (adj.)
incontournable (adj.)
mettre en œuvre (v.)
mode de vie (n. m.)
nature (n. f.)
oiseau (n. m.)
parc (n. m.)
paysage (n. m.)
préserver (v.)
région (n. f.)
rivière (n. f.) **❞**

4. COMMUNIQUEZ

1. Une visite incontournable.
Un(e) collègue francophone vient en voyage professionnel dans votre pays. Il / elle souhaite en profiter pour visiter une région. Vous lui faites des suggestions, vous lui vantez les attraits de la région et vous l'incitez à effectuer des visites. Rédigez le courriel.

2. Un voyage incentive (ou de motivation).
Vous travaillez dans une agence spécialisée dans les voyages de motivation. Un client souhaite organiser un voyage incentive pour les commerciaux. Vous lui faites des suggestions.
Jouez la situation à deux.

Rôle 1

Le / la client(e)
Vous devez :
➢ donner le motif de la demande,
➢ préciser les objectifs du voyage (stimuler les commerciaux, booster les ventes...).

Rôle 2

L'agent de voyage
Vous devez :
➢ suggérer et vanter un lieu, un hôtel...
➢ proposer des activités sportives, ludiques, culturelles.

1. LES EXPRESSIONS IMPERSONNELLES

Pour indiquer une nécessité ou une recommandation.

Il faut	ag**ir**.
Il vaut mieux	préfér**er** la lumière du jour.
Il est important d'	éteind**re** son ordinateur.
Il est nécessaire de	limit**er** les déplacements en avion.
Forme impersonnelle + **infinitif**	

2. LES ADJECTIFS TOUT / TOUTE

Pour désigner quelque chose ou quelqu'un dans son ensemble.

	Masculin	Féminin
Singulier	**Tout** le personnel.	**Toute** notre entreprise.
Pluriel	**Tous** les emballages.	**Toutes** les tasses.
Tout s'accorde avec **le nom qui suit**. → tout, toute, tous, toutes.		

⚠ **Tout** et **toute**, avec une expression de temps, indiquent une durée.
→ **Toute** la journée.
Tous et **toutes**, avec une expression de temps, signifient **chaque**.
→ **Tous** les jours = chaque jour.

3. LE DISCOURS INDIRECT AU PRÉSENT

Pour rapporter les paroles de quelqu'un.
A. Pour rapporter des paroles ou des pensées.

Discours direct	Discours indirect (paroles rapportées)
Il dit : « Je veux m'assurer de l'origine de leurs produits. »	Il dit **qu'**il veut s'assurer de l'origine de vos produits.
Au discours indirect, on relie les deux phrases par **QUE / QU'**.	

⚠ Les **pronoms** et les **adjectifs possessifs** peuvent changer au discours indirect.

B. Pour rapporter les questions posées par une autre personne.

1. Discours direct : question simple	Discours indirect (paroles rapportées)
– A-t-il bien reçu notre charte de qualité ?	– Il demande **si** vous avez bien reçu notre charte de qualité.
– Est-ce qu'il respecte bien le cahier des charges ?	– Il veut savoir **si** vous respectez bien le cahier des charges.
Au discours indirect, avec une question simple, on utilise **SI**. On change **le sujet**.	

2. Discours direct : question avec **où, quand, comment**...	Discours indirect (paroles rapportées)
– **Où** sont les lieux de production ?	– Il demande **où** sont les lieux de production.
– **Quand** est-il possible de visiter l'usine ?	**quand** il est possible de visiter l'usine.
– **Comment** sont fabriqués les appareils ?	– Il veut savoir **comment** sont fabriqués les appareils.
Au discours indirect, les mots interrogatifs ne changent pas.	

3. Discours direct : question avec **que** ou **qu'est-ce que**	Discours indirect (paroles rapportées)
– **Qu'est-ce qu'**ils utilisent comme matières premières ?	– Il demande **ce que** vous utilisez comme matières premières.
– **Que** font-ils ?	– Il demande **ce qu'**ils font.
Au discours indirect, que et qu'est-ce que deviennent **CE QUE**.	

4.	Discours direct (ordre, demande)	Discours indirect (paroles rapportées)
– Demandez-lui de me rappeler d'urgence.		– Il vous demande **de** le rappel**er** d'urgence.
– Reportez mon rendez-vous.		– Il demande **de** report**er** son rendez-vous.
Au discours indirect, l'impératif devient **DE + infinitif**.		

4. LA FORME NÉGATIVE

L'emploi des pronoms indéfinis : *quelqu'un / personne / quelque chose / rien.*

Forme affirmative	Forme négative	
Quelqu'un a dit / m'a aidé. (= *une personne inconnue*)	**Personne ne** pouvait m'arrêter. (= *forme négative de **quelqu'un**)*	Je **n'**ai écouté **personne**.
Nous voulions faire **quelque chose**. (= *une chose*)	**Rien ne** pouvait m'arrêter. (= *forme négative de **chose**)*	On **ne** jetait **rien**.
	Personne et **rien** en début de phrase sont suivis de **NE**.	**NE** + verbe + **personne**. **NE** + verbe + **rien**

⚠ • Je n'ai **rien** dit.
Au passé composé, **rien** est placé entre l'auxiliaire et le participe passé.

• L'adverbe négatif : **ne ... jamais**.
J'ai **toujours** souhaité être indépendante. → Je **n'**ai **jamais** souhaité être indépendante.
Nous réglons **toujours** d'avance. → Nous **ne** réglons **jamais** d'avance.
La forme négative de **toujours** est **jamais**.

5. LE PRÉSENT ET LE CONDITIONNEL PRÉSENT

Pour exprimer la nécessité, une possibilité	Pour suggérer
– **On peut prévoir** un parcours en vélo.	– **On pourrait prévoir** un parcours en vélo.
– **C'est** bien **d'aller voir** les baleines.	– **Ce serait** bien **d'aller** voir les baleines.
– **Vous devez** le **proposer**.	– **Vous devriez** le **proposer**.
Indicatif présent + infinitif	**Conditionnel présent + infinitif**

PRONONCEZ

Écoutez ces phrases et notez les petites pauses avec le signe « / ». Ces pauses marquent le rythme de la phrase.

Exemple : Il est indispensable / de recycler tous nos déchets. /

1. Toute la planète consomme trop d'énergie.
2. Les consommateurs demandent : « Comment faire pour économiser chaque jour ? »
3. Quand vous sortez de la maison, par exemple, n'oubliez pas d'éteindre votre ordinateur.
4. Vous ne devez plus acheter de gobelets ni de couverts en plastique, d'assiettes en carton, de serviettes en papier...

Répétez les phrases en respectant ce rythme.

1. Des gestes sages

Transformez les témoignages en recommandations. Utilisez les expressions impersonnelles proposées page 66, pour indiquer une nécessité ou une recommandation.

Pour éviter de gaspiller du papier...

1. Je prends des feuilles déjà utilisées pour les brouillons.

2. Je fais toujours des photocopies en « recto verso ».

3. Je réduis la fréquence de mes impressions.

4. Je diminue la taille des caractères et les marges pour que les textes prennent moins de place.

5. J'utilise du papier recyclé.

2. Une logistique écolo

Complétez l'article avec _tout_, _tous_, _toute_ ou _toutes_.

Le groupe de magasins _Monoprix_ a réorganisé .... sa logistique.

.... les semaines, deux barges* de marchandises quittent le port du Havre et remontent la Seine en direction de Combs-la-Ville en Seine-et-Marne, à 30 kilomètres de Paris. Ensuite, ... ces marchandises sont transportées en train vers Paris puis, chaque matin, vingt-six camions livrent .... les magasins parisiens de l'enseigne**.

Monoprix a mis .... ce nouveau circuit en place pour réduire la circulation de camions polluants dans Paris. En effet, ... ses camions roulent au gaz naturel.

* Une barge : une sorte de bateau à fond plat.
** Une enseigne : le nom de la chaîne de magasins (ici _Monoprix_), nom inscrit à la devanture.

3. Indiscrétions

Vous n'êtes pas le / la destinataire de ces courriels. Rapportez ce que les personnes écrivent.

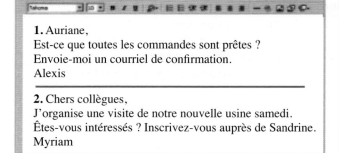

1. Auriane,
Est-ce que toutes les commandes sont prêtes ?
Envoie-moi un courriel de confirmation.
Alexis

2. Chers collègues,
J'organise une visite de notre nouvelle usine samedi.
Êtes-vous intéressés ? Inscrivez-vous auprès de Sandrine.
Myriam

3. Bernard et Julien,
Comment ça va ?
Tout se passe bien ?
Qu'avez-vous décidé ?
Quand revenez-vous ?
J'attends vos impressions avec impatience !
Andréa

4. C'est un succès !

Vous réfutez / niez ce que le responsable dit. Exprimez-vous en utilisant la forme négative.

1. _Le responsable :_ Tout le monde a accepté la proposition.
   Vous : C'est faux ! ....
2. _Le responsable :_ Nous travaillons toujours selon les principes du commerce équitable.
   Vous : C'est faux ! ....
3. _Le responsable :_ Nous faisons quelque chose pour améliorer les conditions de production.
   Vous : C'est faux ! ....
4. _Le responsable :_ Nous avons envoyé quelqu'un pour discuter de la rémunération des artisans.
   Vous : C'est faux ! ....

1. COMPRÉHENSION ÉCRITE

Des idées vertes.

1. Vous êtes à la recherche d'idées pour créer votre entreprise. Vous lisez les articles de presse suivants.

A
Et pourquoi ne pas recycler votre ordinateur... en bijoux ? Voilà l'occasion d'utiliser des touches de clavier pour les monter en bague, de transformer la tête d'une clé USB en bracelet ou encore de convertir votre vieil écran d'ordinateur en lampe... après avoir trié les composants, bien sûr.

B
La chaîne d'hôtels suédoise *Scandic* a conçu ses chambres à partir d'éléments à 97 % recyclables. De la diminution des produits d'entretien chimiques à la carte magnétique en bois (au lieu du plastique), tout a été pensé pour recevoir le prestigieux écolabel « Cygne Blanc » mis en place dans les pays nordiques.

D
Le fabricant américain *Reware* a reçu le prix de l'innovation environnementale pour sa ligne de sacoches. Ces grands sacs intègrent un panneau solaire qui permet de recharger son téléphone portable, ou son baladeur MP3... en quatre heures au soleil.

C
Voici maintenant la « pizza verte ». Pas de couche d'épinards sous la *mozzarella*, qui lui donnerait son nom, mais un mode de production et de livraison au client tout ce qu'il y a de plus vert : ingrédients qui proviennent de l'agriculture biologique*, cuisson grâce à l'énergie éolienne**, livraison par un véhicule électrique.

*Biologique : sans produits chimiques. **Énergie éolienne : énergie tirée du vent.

2. Indiquez le ou les l'articles (A à D) correspondant à chaque énoncé.

1. Avec ce système, pas besoin de prise électrique pour recharger la batterie de son téléphone portable. ....
2. On propose de dormir dans un environnement vert. ....
3. On peut se faire livrer à déjeuner en respectant l'environnement. ....
4. On suggère de fabriquer des accessoires de mode avec le vieux matériel informatique. ....
5. Il est possible de fabriquer des accessoires de décoration avec des produits recyclés. ....
6. L'idée est bonne si le temps est beau ! ....
7. Inutile de dépenser de l'électricité pour faire chauffer le four. ....
8. Cette entreprise a obtenu un certificat officiel pour son respect de l'environnement. ....

2. COMPRÉHENSION ORALE

Un sondage écolo.

Vous effectuez un sondage pour un journal pour savoir si les salariés ont des gestes écologiques dans leur entreprise. Vous allez entendre cinq personnes qui répondent à la question suivante :
« Êtes-vous éco-responsable ? Avez-vous des gestes écologiques dans votre entreprise ? »

Indiquez si la personne répond « oui », « non » ou si « elle ne se prononce pas ». Cochez la bonne réponse.

	Oui	Non	Ne se prononce pas.
Personne 1			
Personne 2			
Personne 3			
Personne 4			
Personne 5			

Comment bien communiquer au téléphone

1. Comment enregistrer un message d'accueil.

Bonjour. Vous êtes sur la boîte vocale de Michel Godot.
Je suis actuellement absent. Indiquez-moi le motif de votre
appel et vos coordonnées après le signal sonore,
je vous rappellerai dès que possible. Merci et à bientôt.

1. Saluer et se présenter.
2. Informer de l'absence ou de la fermeture.
3. Inviter votre correspondant à laisser un message.
4. Demander de préciser le nom et le numéro de téléphone.
5. Indiquer le moment pour parler.
6. Prendre congé.

AU REVOIR...
. . . . BIP..

Bonjour. Vous êtes bien en communication avec la société *Beton*.
Nos bureaux sont actuellement fermés. Vous pouvez nous laisser un
message. N'oubliez pas, s'il vous plaît, de nous donner vos coordonnées afin
que nous puissions vous rappeler. Après le bip sonore vous pouvez parler.
Merci de votre appel et à bientôt.

2. Comment laisser un message sur un répondeur téléphonique ou sur une boîte vocale.

1. Saluer et se présenter (nom, fonction, entreprise).
2. Indiquer l'objet de l'appel.
3. Demander à être rappelé si c'est nécessaire.
4. Prendre congé.

Bonjour. Ici Florence Chatel de la société *Bioland*.
Je vous appelle de la part de monsieur Moraud.
Il demande si vous avez bien reçu notre charte de
qualité. Il voudrait vous rencontrer et vous demande de
le rappeler d'urgence pour fixer un rendez-vous.
Au revoir et merci.

>>> CAS PRATIQUE >>> CAS PRATIQUE >>> CAS PRATIQUE >>>

> Savoir épeler son nom au téléphone.
En France, pour épeler son nom au téléphone, on utilise les prénoms suivants :
Anatole – Berthe – Célestin – Désiré – Émile – François – Gaston – Henri – Irma –
Joseph – Klébert – Louis – Marcel – Nicolas – Oscar – Pierre – Quentin – Raoul –
Suzanne – Thérèse – Ursule – Victor – William – Xavier – Yvonne – Zoé.

> Et vous, dans votre pays, comment épelez-vous votre nom au téléphone ?

De l'éthique dans les affaires : les écolabels

➢ Les **écolabels** garantissent à la fois la qualité d'usage d'un produit et ses caractéristiques écologiques.

➢ **En France**, l'AFNOR CERTIFICATION en délivre deux : l'écolabel français (marque NF Environnement) et l'écolabel européen.

➢ **Dans les autres pays**
Des écolabels officiels ont été mis en place par exemple en Allemagne (« Ange Bleu »), dans les pays nordiques (« Cygne Blanc »), au Canada (« EcoLogo Program »)...

➢ **Max Havelaar** (label international du commerce équitable)
Le commerce équitable est un échange simple : chez vous, vous achetez des produits (café, riz, sucre, cacao…) portant le label. Chez eux, les producteurs vivent de leur travail, perçoivent une juste rémunération, sont autonomes, respectent l'environnement, refusent le travail des enfants…

➢ **L'agriculture biologique**
constitue un mode de production qui respecte la nature.

➢ **Les logos de recyclage :**
• Ce produit ou cet emballage est recyclable.

• Ce produit ou cet emballage contient 65 % de matières recyclées.

Les petits mots en **-able**.

• Quelle différence entre **recyclable** et **recyclé**, entre **biodégradable** et **biodégradé** ?

• Le suffixe **-able** est une possibilité future et le suffixe **-é** est la réalité.

> Êtes-vous un éco-consommateur ?
Faites-vous attention aux étiquettes et aux labels quand vous achetez des produits ?

>>> CAS PRATIQUE >>> CAS PRATIQUE >>> CAS PRATIQUE >>>

> **Dans votre pays, est-ce qu'il existe des écolabels ? Quels sont-ils ?**
> **Votre entreprise a-t-elle obtenu un label pour ses produits ou ses services ?**
> **Quels sont les critères ?**
Faites une brève présentation de ce qui existe dans votre pays, à votre groupe.

UNITÉ 5 EN MISSION

Vous allez vous entraîner à :
- vous plaindre et répondre à une plainte
  (ou exprimer votre mécontentement)
- exprimer une volonté ou une intention
- donner des explications ou des précisions
- faire référence à une demande / demander
  un renseignement ou un service / remercier
  et conclure dans un courriel
- relater des faits passés
- exprimer un accord ou un désaccord
- demander à être mis(e) au courant
- décrire des actions commerciales
- donner des indications sur un parcours
  professionnel et des motivations

Vous allez utiliser :
- l'accord du participe passé avec
  les pronoms COD
- l'expression de la cause
- le plus-que-parfait (découverte)
- les temps du passé : révision (passé
  composé / imparfait / plus-que-parfait /
  passé récent)
- les indicateurs de temps (*il y a /
  depuis / ça fait ... que / dans / de ... à /
  en + date / jusqu'en...*)

Pour être capable :
- de réagir à un problème
- de rédiger un courriel formel (demande de renseignements
  et réponses)
- de rendre compte oralement et brièvement d'une mission
- de raconter brièvement un parcours professionnel et faire
  part de motivations

A2

A Une journée noire

1. ÉCOUTEZ LES DIALOGUES

 • **À la livraison des bagages dans l'aéroport**

La passagère :	Monsieur, j'attends toujours ma valise. Je ne l'ai pas vue sur le tapis roulant.
L'employé :	Vous arrivez d'où ?
La passagère :	De New York, mais j'ai transité par Londres.
L'employé :	Vous avez votre ticket de bagage ?
La passagère :	Oui... Où je l'ai mis ?... Ah, le voilà. Tenez... Ce n'est quand même pas normal !
L'employé :	Pouvez-vous me décrire votre bagage ?
La passagère :	Oui. C'est un sac en toile rouge.
L'employé :	Est-ce qu'il y a vos coordonnées dessus ?
La passagère :	Oui. Je les ai inscrites sur l'étiquette.
L'employé :	Aviez-vous des objets de valeur à l'intérieur ?
La passagère :	Non, je les ai gardés avec moi.
L'employé :	Bien. Je lance des recherches. Vous recevrez votre bagage à domicile. On vous contactera. Je suis vraiment désolé pour ce contretemps.
La passagère :	Je suis furieuse ! C'est la deuxième fois que ça arrive en un mois !

• **Au comptoir de l'aéroport**

L'employée :	Désolée, monsieur. Le vol pour Casablanca est annulé.
Le passager :	Comment ça ?... Et pourquoi ?
L'employée :	Il y a eu un gros problème technique sur l'avion à l'atterrissage. Nous vous avons réservé une place sur le vol de demain matin.
Le passager :	Vous plaisantez ! J'ai un rendez-vous important, ce soir, à Casablanca.
L'employée :	Je vous comprends, mais je ne peux rien faire de plus pour vous. Voici votre billet et un bon pour une nuit d'hôtel. La chambre que nous vous avons réservée se trouve à l'*Hôtel Mercure*. Le vol décolle demain matin à 6 heures 30.
Le passager :	C'est scandaleux ! J'en ai vraiment assez ! Trouvez-moi un autre vol.
L'employée :	Écoutez, je vais voir ce que je peux faire.

2. VÉRIFIEZ VOTRE COMPRÉHENSION

Quelle solution pour quel problème ? Complétez le tableau.

Situation	Le problème rencontré	La solution proposée par l'employé	La raison du mécontentement du passager à la proposition
À la livraison des bagages			
Au comptoir			

3. RETENEZ

Pour se plaindre :
Ce n'est quand même pas normal.
Je suis furieux(se) !
C'est la deuxième fois que ça arrive.
Comment ça ? (familier)
Vous plaisantez !
C'est scandaleux.
J'en ai (vraiment) assez.

Pour répondre à une plainte :
Je suis (vraiment) désolé(e) (pour ce contretemps).
Désolé(e).
Je vous comprends.
Je ne peux rien faire de plus.
Je vais voir ce que je peux faire.

> ❝❝ **LE VOCABULAIRE**
> annuler (v.)
> contretemps (n. m.)
> décoller (v.)
> ticket (n. m.)
> transiter (v.)
> valise (n. f.) ❞❞

4. COMMUNIQUEZ

1. Retour difficile.
Vous êtes parti(e) en voyage professionnel. Sur place, tout s'est bien passé, mais au retour vous avez eu un problème (retard, bagage perdu, vol annulé...). Vous donnez des nouvelles à un(e) collègue ou à un(e) ami(e) et lui racontez votre mésaventure dans un courriel.

2. À l'hôtel.
Vous arrivez à l'hôtel. Jouez la situation à deux.

Rôle 1

Vous
➤ Vous avez une réservation à votre nom.
➤ Vous avez un courriel de confirmation.
➤ Vous exprimez votre mécontentement.
➤ Vous exigez une solution au problème.

Rôle 2

Le / la réceptionniste
➤ Vous n'avez pas de réservation au nom de...
➤ Il n'y a plus de chambre disponible.
➤ Vous répondez au client.
➤ Vous proposez une solution.

B Un séminaire urgent

1. LISEZ LES DOCUMENTS

1

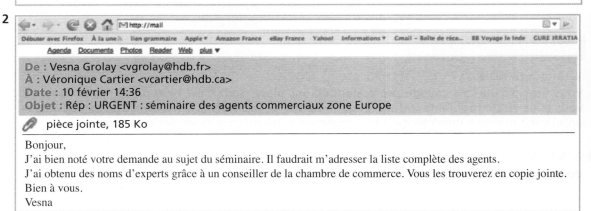

De : Véronique Cartier <vcartier@hdb.ca>
À : Vesna Grolay <vgrolay@hdb.fr>
Date : 9 février 17:56
Objet : URGENT : séminaire des agents commerciaux zone Europe

Chère Madame,
Monsieur Ragu veut réunir les agents commerciaux en séminaire à cause d'une baisse importante des ventes en Europe. Il envisage de le faire les 3 et 4 mars à Bruxelles puisqu'il y sera déjà pour une conférence. Mais comme il n'aura pas beaucoup de temps, il prévoit un programme de séminaire court.
Pourriez-vous trouver un hôtel proche de l'aéroport avec une salle de réunion équipée ? Il faudrait aussi contacter des intervenants extérieurs parce qu'il tient à avoir des avis d'experts.
Vous serait-il possible également de vous occuper de l'accueil de monsieur Ragu à l'aéroport ?
Merci de votre aide, car nous avons peu de temps pour organiser son déplacement.
Cordialement.
Véronique

Véronique Cartier
Société HDB
1254, rue Saint-Nicolas
Montréal (QC) H3G- Canada
Tél. : (514) 818-6200

2

De : Vesna Grolay <vgrolay@hdb.fr>
À : Véronique Cartier <vcartier@hdb.ca>
Date : 10 février 14:36
Objet : Rép : URGENT : séminaire des agents commerciaux zone Europe

pièce jointe, 185 Ko

Bonjour,
J'ai bien noté votre demande au sujet du séminaire. Il faudrait m'adresser la liste complète des agents.
J'ai obtenu des noms d'experts grâce à un conseiller de la chambre de commerce. Vous les trouverez en copie jointe.
Bien à vous.
Vesna

2. VÉRIFIEZ VOTRE COMPRÉHENSION

Voici, dans le désordre, les intentions exprimées dans les deux courriels. Retrouvez l'ordre des idées.

Courriel 1		Courriel 2 (réponse)	
1. Demander des renseignements, un service.	...	1. Demander un document.	...
2. Prendre congé avec une formule de politesse.	5	2. Faire référence à la demande.	...
3. Donner le motif du courriel.	...	3. Prendre congé avec une formule de politesse.	...
4. Exposer la situation.	...	4. Informer de l'envoi d'un document.	...
5. Remercier.	...		

3. RETENEZ

Pour exprimer une volonté ou une intention :
Monsieur Ragu **veut**... / **voudrait**...
Il **envisage de**...
Il **prévoit un / de**...
Il **tient à**...

Pour donner des explications ou des précisions :
... **à cause d'**une baisse importante des ventes.
... **puisqu'il** sera en Belgique.
Comme il n'aura pas beaucoup de temps...
... **car** nous avons peu de temps pour organiser son déplacement.
... **parce qu'**il tient à avoir des avis d'experts.
... **grâce à** un conseiller de la chambre de commerce.

> Voir les outils linguistiques de l'unité 5, page 82.

Pour rédiger un courriel professionnel :

• Pour commencer	**Très formel** (ton distant) : Madame, Monsieur / Chère Madame, Cher Monsieur. **Neutre** : Bonjour. **Amical** : Bonjour (+ prénom), Prénom.
• Pour faire référence à un courriel / à une demande	– J'ai bien noté... au sujet de... / concernant... – J'ai bien reçu...
• Pour demander un renseignement / un service	– Pourriez-vous... ? / Serait-il possible de... ? / Il faudrait... – Merci de... / J'aimerais... / Nous aimerions... / Je voudrais... / Nous voudrions... / Je désirerais... / Nous désirerions...
• Pour conclure / remercier	– Merci. – Merci de votre aide / de votre attention / de votre compréhension.
• Pour terminer	**Très formel** (ton distant) : Sincères salutations. **Neutre** : Cordialement. / Bien cordialement. / Bien à vous. **Amical** : Bonne journée.

4. COMMUNIQUEZ

1. Une demande de renseignements.
Vous contactez l'*Hôtel Delta* pour organiser un séminaire.
Vous donnez des précisions et demandez des renseignements, vous concluez. Rédigez le courriel.

> À l'*Hôtel Delta*, nous prenons au sérieux notre responsabilité de rendre vos réunions productives :
> • 10 salles de réunion équipées à votre disposition,
> • capacité de 5 à 500 personnes, séminaire résidentiel.
> Contact : Karine Deroy, responsable séminaire - kderoy@hoteldelta.com

2. Une réponse attendue.
Vous travaillez à l'*Hôtel Delta*. Vous répondez au mail du client.

3. Les horaires variables.
Votre entreprise prévoit la mise en place des horaires variables. Le personnel aura alors une flexibilité dans le choix des heures d'arrivée et de départ. Vous discutez de ce projet avec vos collègues. Expliquez les raisons de votre accord ou désaccord. Échangez en petits groupes.

> **LE VOCABULAIRE**
> agent commercial (n. m.)
> avis (n. m.)
> conférence (n. f.)
> conseiller(ère) (n. m./f.)
> déplacement (n. m.)
> expert (n. m.)
> intervenant (n. m.)
> réunion (n. f.)
> réunir (v.)
> séminaire (n. m.)
> spécialiste (n. m./f.)

C Retour de mission

1. ÉCOUTEZ LE DIALOGUE

Paul Luca : Allô. Bonjour. Ici Paul Luca. Vous m'aviez demandé de vous appeler à mon retour de mission. Je viens juste d'arriver.

Le directeur export : Oui, bonjour Paul. C'est exact. Alors, comment s'est passé ce colloque à Genève ? Je n'ai pas pu y assister puisque j'étais parti au Brésil.

Paul Luca : Écoutez, ça s'est très bien passé. Il y avait de nombreuses délégations qui s'étaient déplacées. Le deuxième jour, nous avons pu faire la présentation que nous avions préparée avec le service marketing. Tout s'est déroulé comme nous l'avions prévu. Nous avons eu beaucoup de succès, la moitié des participants au colloque étaient présents, et nous avons pu prendre des contacts intéressants.

Le directeur export : Parfait, Paul. Est-ce que vous avez rencontré monsieur Guichard, de la société *KBS*, au sujet de notre offre ?

Paul Luca : Nous avions fixé un rendez-vous, mais il l'a annulé. Il ne voulait pas me recevoir, mais pour finir j'ai pu le rencontrer, et je lui ai proposé de discuter des points importants.

Le directeur : Vous avez très bien fait. Et alors ?

Paul Luca : D'après lui, nos tarifs seraient plus élevés et nos délais de livraison plus longs que ceux de nos concurrents.

Le directeur : Il ne vous a rien dit d'autre ?

Paul Luca : Non, je n'ai pas réussi à en savoir plus sur la concurrence. Je pense qu'il faudrait revoir nos conditions.

Le directeur : D'accord. J'attends vos propositions.

Paul Luca : Entendu. Je vous tiens au courant.

Le directeur : Au revoir Paul, et merci de votre appel.

2. VÉRIFIEZ VOTRE COMPRÉHENSION

1. Complétez le compte rendu de mission.

Compte rendu de mission	Lieu : ....

Le .... s'est .... passé avec la participation de nombreuses

....

La .... a eu beaucoup de succès. La moitié des .... étaient

présents, ce qui a permis de prendre des .... intéressants.

L'offre faite à la société *KBS* n'est pas satisfaisante. Deux conditions sont à revoir : les ....

et les .... Il a été impossible d'avoir des informations sur

la ....

2. Paul Luca a reçu le courriel suivant de son directeur export, Hervé Lebris. Sur quel point le directeur export est-il d'accord et sur quel point est-il en désaccord ?

De : Hervé Lebris <hlebris@magima.fr>
À : Paul Luca <pluca@magima.fr>
Objet : Appel d'offres KBS

Paul,
Je viens de lire vos nouvelles propositions concernant notre offre à la société KBS.
Je ne suis absolument pas d'accord pour baisser nos tarifs de 15 %, mais je suis de votre avis pour réduire nos délais de livraison à 3 mois. Il faut revoir nos cotations.
Merci de me tenir informé.
Cordialement.
Hervé Lebris

3. RETENEZ

Pour relater des faits passés :
Vous **m'aviez demandé** de vous appeler.
J'**étais parti** au Brésil.
Il y avait de nombreuses délégations qui **s'étaient déplacées**.
Nous **avons pu** faire la présentation que nous **avions préparée**.
Tout **s'est déroulé** comme nous l'**avions prévu**.

> Voir les outils linguistiques de l'unité 5, page 82.

Pour exprimer son accord :
C'est exact.
Vous avez (très) bien fait.
Très bien.
Entendu.
D'accord. / Je suis d'accord.
Je suis de votre avis...

Pour exprimer son désaccord :
Je ne suis (absolument) pas d'accord.

Pour demander à être mis au courant :
Il ne vous a rien dit d'autre ?
Tenez-moi au courant / informé.
Merci de me tenir informé / au courant.

> ❝ **LE VOCABULAIRE**
> appel (d'offres) (n. m.)
> assister (v.)
> colloque (n. m.)
> concurrence (n. f.)
> concurrent (n. m.)
> délai (de livraison) (n. m.)
> délégation (n. f.)
> mission (n. f.)
> offre (n. f.)
> participant (n. m.)
> prévoir (v.)
> se déplacer (v.)
> se dérouler (v.)
> tarif (n. m.) ❞

4. COMMUNIQUEZ

1. Voyages d'affaires.
Vous rentrez d'un déplacement professionnel. Vous rédigez un courriel à votre patron pour lui rendre compte de ce qui s'est passé.

2. Réorganisation.
Il y a une réorganisation dans votre service et vous avez un surplus de travail. Vous allez trouver votre responsable. Jouez la situation à deux.

Rôle 1
Vous :
➤ venez d'apprendre qu'il y a une réorganisation,
➤ avez un surplus de travail : vous n'êtes pas d'accord,
➤ demandez une augmentation,
➤ n'êtes pas d'accord avec la raison donnée.

Rôle 2
Votre responsable :
➤ est d'accord : il y a bien une réorganisation, et il y a un surplus de travail,
➤ n'est pas d'accord : pas d'augmentation possible,
➤ donne une raison.

D Destination réussite

1. LISEZ LE DOCUMENT

 http://www.mondiossimo.com

 Forum
Expérience valorisante, CV international
Pour réussir sa carrière, faut-il passer par l'international ?

 ▶ **Philippe** - Ça fait huit ans que j'habite à l'étranger. J'ai passé la moitié de ma vie comme directeur export. J'ai effectué de nombreuses missions et j'ai voyagé dans le monde entier. L'international est un passage obligé dans une carrière. Rencontrer des gens de culture et de langue différentes est la meilleure formation.

 ▶ **Nabila** - Expatriée depuis la fin de mes études en 2003, j'ai enchaîné les missions à l'étranger. Pour moi, c'était l'aventure, la possibilité d'avoir une formation internationale et de valoriser des compétences. J'ai obtenu mon premier poste à Berlin grâce à ma maîtrise d'allemand et j'y suis restée jusqu'en 2006. J'ai poursuivi ma carrière en Italie où j'ai rencontré mon mari.

 ▶ **Rumiaty** - Je suis arrivée en France, il y a deux ans. J'ai été envoyée en mission pour ouvrir un bureau de représentation. C'était un défi formidable. Mon entreprise, située à Shanghaï, fabrique des uniformes de travail. Pendant six mois, j'ai suivi des cours de français des affaires et je travaillais dur en même temps. Je prospectais le marché français et je démarchais les entreprises. En deux ans, j'ai déjà signé de gros contrats avec une chaîne d'hypermarchés et les transports publics. Je quitterai la France dans un an.

 ▶ **Dialo** - Je suis ingénieur agronome et je travaille pour une ONG qui intervient dans le domaine de l'eau. Ma mission : trouver de l'eau là où on n'en trouve pas. Mes motivations pour partir : ce n'est pas de gagner de l'argent ou de faire carrière, c'est l'idée de pouvoir changer les choses, d'être utile, d'aider les gens, d'acquérir de l'expérience, de monter de nouveaux projets et de donner un sens à ma vie. De 2005 à 2007, j'ai travaillé en Afrique et je suis en mission en Inde depuis un an.

2. VÉRIFIEZ VOTRE COMPRÉHENSION

Complétez le tableau.

	Temps passé à l'étranger	Lieu(x) de mission	Motivations d'une carrière à l'international
Philippe			
Nabila			
Rumiaty			
Dialo			

3. RETENEZ

Pour donner des indications de durée :

Ça fait huit ans que j'habite à l'étranger.
Expatrié(e) depuis la fin de mes études / depuis un an.
J'y suis resté(e) jusqu'en 2006.
Je suis arrivé(e) en France, il y a deux ans.
Pendant six mois, j'ai suivi des cours de français.
En deux ans, j'ai signé de gros contrats.
Je quitterai la France dans un an.
De 2005 à 2007, j'ai travaillé en Afrique.

> Voir les outils linguistiques de l'unité 5, page 83.

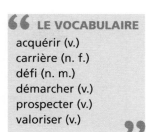

" LE VOCABULAIRE

acquérir (v.)
carrière (n. f.)
défi (n. m.)
démarcher (v.)
prospecter (v.)
valoriser (v.)

Pour décrire des actions commerciales :

J'ai ouvert un bureau de représentation.
Je prospectais le marché français.
Je démarchais les entreprises.
J'ai signé un (gros) contrat.

Pour donner des indications sur un parcours professionnel et des motivations :

Acquérir de l'expérience.
Changer les choses.
Faire carrière / poursuivre une carrière.
Donner un sens à sa vie.
Être utile.
Gagner de l'argent.
Monter des projets.
Valoriser un CV / des compétences.

4. COMMUNIQUEZ

1. Parcours professionnel.
Vous recherchez un stage ou un travail en France. Vous demandez de l'aide à un(e) ami(e) français(e). Vous lui décrivez votre parcours professionnel (études et expérience profession-nelle) et vous lui faites part de vos motivations. Rédigez le courriel.

2. À la direction des ressources humaines.
Vous êtes en charge du recrutement dans votre société. Présentez deux candidats à votre patron. Aidez-vous des fiches ci-dessous.

Jean-Paul Gruber, marié, 2 enfants.
Né le 2 juin 1972.

• **Expérience professionnelle**
Mai 2005 - Aujourd'hui : directeur export.
Sept. 2000 - Avril 2005 : ingénieur commercial.
1999 : stage de 8 mois à Chicago (États-Unis).
• **Formation**
1998 : diplôme d'ingénieur.

Léonore Cherry, célibataire.
Née le 16 mai 1980.

• **Expérience professionnelle**
2006 - Aujourd'hui : responsable de projets
à Sydney (Australie).
2004-2006 : responsable de communication.
• **Formation**
2003 : DESS* de marketing.

* DESS : diplôme d'études supérieures spécialisées.

1. L'ACCORD DU PARTICIPE PASSÉ AVEC LE COMPLÉMENT D'OBJET DIRECT

– Vous avez votre ticket ?	– Où je **l'**ai mis ?
– Les coordonnées,	je **les** ai inscrit**es** sur l'étiquette.
– Les objets de valeur,	je **les** ai gard**és** avec moi.
– Le sac	**que** j'ai perd**u** est en toile rouge.
– La chambre	**que** nous avons réserv**ée** se trouve à l'*Hôtel Mercure*.

Le **participe passé** s'accorde avec le **complément d'objet direct** si celui-ci est placé **avant** le verbe **avoir**.

2. L'EXPRESSION DE LA CAUSE

Pour expliquer des raisons et donner des précisions.

• Pour introduire **une cause** et répondre / en répondant à la question « **Pourquoi ?** »	– Il faudrait aussi contacter des intervenants extérieurs **parce qu'**il tient à avoir des avis d'experts. – Merci de votre aide **car** nous avons peu de temps pour organiser son déplacement.
• Pour exprimer la **cause avant la conséquence**, en début de phrase. • Pour exprimer une **cause connue**.	– **Comme** il n'aura pas beaucoup de temps, il prévoit un programme de séminaire court. – Il envisage une réunion les 3 et 4 mars à Bruxelles **puisqu'**il y sera déjà pour une conférence.

Parce que, car (à l'écrit), **comme, puisque** + sujet + verbe.

• Pour exprimer une **cause négative**. • Pour exprimer une **cause positive**.	– Il veut réunir les agents commerciaux **à cause d'**une baisse importante des ventes. – J'ai obtenu des noms d'experts **grâce à** un conseiller de la chambre de commerce.

À cause de, grâce à + nom.

3. LE PLUS-QUE-PARFAIT

Pour parler d'une action qui précède une autre action passée.

Action ou fait passé	Action ou fait antérieur
(Avant mon départ)	Vous m'**aviez demandé** de vous appeler...
Je n'ai pas pu y aller	puisque j'**étais parti** au Brésil.
Il y avait de nombreuses délégations	qui s'**étaient déplacées**.
Nous avons pu faire la présentation	que nous **avions préparée**...

Formation du **plus-que-parfait** : **être** ou **avoir** à l'imparfait + participe passé du verbe.

4. LES TEMPS DU PASSÉ : RÉVISION

Pour raconter des événements passés.

Passé composé	Imparfait	Plus-que-parfait	Passé récent
– Ça **s'est** très bien **passé**. – Je lui **ai proposé** de discuter.	– Il y **avait** de nombreuses délégations. – Il ne **voulait** pas me recevoir.	– J'**étais parti** au Brésil. – Nous **avions fixé** un rendez-vous.	– Je **viens** juste **d'**arriver. – Nous **venons de** lire vos propositions.
Être ou **avoir** au présent + participe passé du verbe.	Radical + terminaisons (ais / ais / ait / ions / iez / aient).	**Être** ou **avoir** à l'imparfait + participe passé du verbe.	**Venir** au présent + **de** (ou **d'**) + verbe à l'infinitif.
– Action accomplie. – Résultat.	– Action en cours. – Description.	Action ou fait antérieur à une action ou à un fait passé.	Passé récent.

5. LES INDICATEURS DE TEMPS

Pour indiquer une date, un moment ou une durée.

• Pour indiquer un **mois**, une **année**.	– **En** 1998…
• Pour indiquer la **durée** d'une action.	– **Pendant** six mois, j'ai suivi des cours de français. – **En** deux ans, j'ai signé de gros contrats. – **De** 2005 **à** 2007, j'ai travaillé en Afrique.
• Pour indiquer le **début** d'une action qui dure encore. *(Le verbe est au présent.)*	– **Ça fait** huit ans **que** j'habite à l'étranger. – **Il y a** huit ans **que** j'habite à l'étranger. – Expatrié(e) **depuis** la fin de mes études. – Je suis en mission **depuis** un an.
• Pour indiquer la **durée écoulée** entre une action terminée et le moment présent. *(Le verbe est au passé composé.)*	– Je suis arrivé(e) en France, **il y a** deux ans.
• Pour indiquer une **durée dans le futur** : – pour indiquer la **durée qui va s'écouler** entre le moment présent et une action dans le futur, – pour indiquer **une date limite** dans le temps.	– Je partirai **dans** un an. – L'avion décolle **dans** dix minutes. – J'y suis resté(e) **jusqu'en** 2006. – Je resterai en France **jusqu'à** la fin de ma mission.

PRONONCEZ

1. Écoutez les phrases et choisissez entre les sons [ɛ̃], [ɑ̃], [ɔ̃]. Mettez une croix sous la nasale entendue.

	[ɛ̃]	[ɑ̃]	[ɔ̃]
1.			
2.			
3.			

2. Écoutez et placez les signes [ɛ̃], [ɑ̃] ou [ɔ̃] sous les mots. Puis lisez les phrases.

1. Mon patron vient de prendre l'avion pour sa mission à Pékin.
      [ɔ̃]   [ɔ̃]

2. À quinze heures, le restaurant d'entreprise fermera à cause d'une inondation.

3. Quel manque d'organisation ! En cinq ans, vous n'avez pas encore réussi à augmenter la production !

1. Colère noire !

Conjuguez les verbes au passé composé. Accordez les participes passés si nécessaire.

1. J'en ai assez ! Cela fait trois semaines que j'attends les livres que je *(commander)* ... !
2. Comment ça ? Les fournisseurs que nous *(sélectionner)* ..., vous *(ne pas les contacter)* ... !
3. Je suis furieuse ! Mon ordinateur, vous *(ne pas le réparer)* ... !
4. Ce n'est quand même pas normal ! Les photocopies que je *(demander)* ..., vous *(ne pas faire)* ... !
5. La salle que nous *(réserver)* ... pour le séminaire est sale ! C'est scandaleux !
6. On doit encore attendre pour appliquer les décisions que nous *(prendre)* ... ? Vous plaisantez j'espère !

2. Changement de cap

**Complétez le dialogue avec des expressions de cause.
(Attention, n'utilisez pas deux fois la même expression.)**

– Je t'ai fait venir pour te dire que ta mission est annulée.
– Ah bon, pourquoi ?
– … nos partenaires ne souhaitent plus collaborer avec nous.
– C'est bizarre ! Ils ont donné des raisons ?
– Non, pas vraiment, mais … tu le sais, nous avons beaucoup de concurrents. Ils ont peut-être choisi de travailler avec d'autres entreprises … du prix actuel des matières premières.
– Et tu n'es pas inquiet ?
– Non, … nos contacts en Amérique latine, nous allons pouvoir prospecter là-bas et trouver d'autres marchés pour nos produits.
– C'est vrai. Mais alors, je fais quoi moi, maintenant ?
– Tu vas travailler avec Adrien sur ce dossier-là … tu ne pars plus.
– D'accord, ça m'intéresse aussi.

3. Bug professionnel

**Transformez le texte aux temps du passé en utilisant :
l'imparfait, le passé composé ou le plus-que-parfait.**

Je pars à Madrid parce que j'ai rendez-vous avec les responsables d'une entreprise pour discuter d'un contrat important.
Comme le rendez-vous est le lendemain, je m'habille de manière décontractée, et je mets mon costume gris et ma cravate dans ma valise.
En arrivant à Madrid, j'ai une mauvaise surprise : ma valise n'arrive pas et il est tard le soir.
Je dois aller au rendez-vous en jean et je ne récupère ma valise que le lendemain !

4. Vie d'ordi

Trouvez les indicateurs de temps qui manquent.

Je suis né … 2006 dans une usine en Corée. On m'a transporté en France quelques semaines plus tard pour être vendu dans un grand magasin. J'ai vécu dans ce magasin … l'arrivée de Francis qui voulait un ordinateur moderne. … deux ans j'ai travaillé pour Francis. J'ai rédigé ses messages, je l'ai accompagné sur Internet et je l'ai aidé quand il devait préparer des dossiers importants.
À chaque fois qu'il se déplaçait, je partais avec lui. … deux ans, nous avons travaillé plus de 1 600 heures ensemble. Un jour, Francis en a vu un autre plus léger et plus performant que moi et il m'a vendu.
… six mois maintenant … j'appartiens à Annie. Elle est gentille, mais ne m'utilise pas beaucoup, alors … mon arrivée chez elle je m'ennuie. J'espère qu'elle va progresser en informatique parce que je n'ai pas envie de rester dans mon coin … la fin de ma vie !

1. COMPRÉHENSION ÉCRITE

Des courriels à la pelle.

Lisez les courriels et choisissez la bonne réponse.

De : atarn@getex.fr
À : kfrety@gmail.com
Bonjour,
Le vol de M. Fong est annulé. Merci de l'informer.
Il a une place réservée sur le vol de ce soir. Nous
attendons son accord.
Aude Tarn

1. L'objet du courriel concerne :
a) ❑ une annulation de rendez-vous.
b) ❑ une réservation de chambre.
c) ❑ un problème de transport.
d) ❑ une confirmation de vol.

De : mkenneth@yahoo.com
À : cjacob@telex.org
Charles,
Je ne pourrai pas me rendre à la conférence de
Rio. J'ai un contretemps : une mission urgente
à Dublin.
Désolée.
Martine

2. L'émetteur du courriel :
a) ❑ organise une conférence.
b) ❑ change son programme de voyage.
c) ❑ annule une réunion.
d) ❑ demande un rendez-vous.

De : pmorin@tales.com
À : aroger@jetlag.fr
Bonjour,
Comme les transporteurs sont en grève, nous
ne pouvons pas vous livrer votre commande du
12 juin cet après-midi. Vous la recevrez dans 48 h.
Pierre Morin

3. L'objet du courriel concerne :
a) ❑ un retard de livraison.
b) ❑ l'annulation d'une commande.
c) ❑ la perte d'objets.
d) ❑ un préavis de grève.

De : vjet@kaku.fr
À : jbres@noroto.com
Bonjour,
Pourriez-vous nous communiquer vos tarifs ?
Nous en avons besoin pour notre catalogue. Merci.
Valentin Jet

4. Dans ce courriel, il s'agit :
a) ❑ d'une demande de catalogue.
b) ❑ d'une réponse à une demande.
c) ❑ d'un envoi de catalogue.
d) ❑ d'une demande de prix.

2. COMPRÉHENSION ORALE

À chacun son discours.

Écoutez ces cinq personnes. Dites quelle est l'intention de chacune d'elles. Choisissez la bonne réponse dans la liste A à H et notez-la.

Personne 1 : ....
Personne 2 : ....
Personne 3 : ....
Personne 4 : ....
Personne 5 : ....

A. Se plaindre d'un problème.
B. Demander des renseignements.
C. Renseigner sur un changement de programme.
D. Exprimer son accord.
E. Informer d'actions commerciales.
F. Faire part d'intentions professionnelles.
G. Inviter à une manifestation commerciale.
H. Dire son désaccord sur un choix.

Bien rédiger ses courriels professionnels

1. Sélectionnez les bons destinataires.
Le courriel doit être adressé à la ou aux personne(s) concernée(s). Placez en **copie conforme** (Cc) les personnes qui doivent seulement être informées.

7. Vous « transférez » / « réexpédiez » un courriel.
Avez-vous la permission de l'auteur ?

2. Faites attention aux envois en nombre.
Si vous envoyez un courriel à plusieurs personnes, placez les adresses dans le champ **copie cachée** (Cci). Ainsi, l'adresse des autres destinataires sera invisible pour chaque personne qui reçoit le message.

3. Soyez précis.
L'objet est le plus important. Il doit être clair et précis. Indiquez si c'est urgent.

4. Soignez la rédaction.
Attention : les abréviations et le style SMS sont réservés aux amis.
Rédigez des phrases courtes et bien construites.
a) Choisir la bonne interpellation.
b) Indiquer le motif du courriel.
c) Donner les informations, ou demander des renseignements...
d) Conclure : merci de votre aide / réponse / compréhension / attention...
e) Prendre congé avec une formule simple.

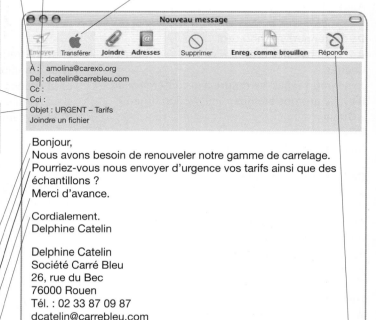

5. Signez le courriel.
Indiquez le nom du signataire, le nom de la société, l'adresse postale, le numéro de téléphone, l'adresse mail.

6. Vous répondez.
Cela se fait automatiquement (**Re :** apparaît dans l'objet). Attention aux « réponse », « reply » ou « forward » trop nombreux : on ne sait plus qui a écrit, pour dire quoi.

>>> CAS PRATIQUE >>> CAS PRATIQUE >>>

> En France, la rédaction des courriels suit un plan mais, comme aux États-Unis, on va à l'essentiel. Pour rédiger un courriel, ne perdez pas de temps en préambules inutiles.

> Est-ce qu'il y a des règles à suivre dans la rédaction des courriels spécifiques à votre entreprise ou à votre pays ?
> Quel est le délai de réponse ? Avez-vous des conseils à donner dans la rédaction des courriels, en fonction de la hiérarchie par exemple ?

> Que pensez-vous de l'usage des courriels ? Avez-vous eu des mésaventures dans la réception et l'envoi de courriels ? Avez-vous des conseils à donner ? Échangez vos idées avec votre groupe.

Comment réussir un premier contact

➤ Lorsque le visiteur arrive dans votre bureau, levez-vous et indiquez-lui une place pour s'asseoir.

➤ Interrompez votre communication téléphonique en cours et prévenez votre visiteur si vous devez recevoir un appel.

➤ Informez votre assistante qu'on ne doit pas vous déranger : interrompre une conversation peut être très incorrect dans certaines cultures, alors qu'elle peut être insignifiante en France.

➤ En Asie, on ne conçoit pas de rencontres sans un échange de cartes de visite. Elle doit être présentée face au visiteur et être lue avec attention. Ne soyez pas surpris si le Français la lit rapidement et la range.

➤ Préparez tous les documents nécessaires à l'entrevue et prenez-en connaissance.

➤ Adoptez la bonne attitude : ne fixez pas votre interlocuteur droit dans les yeux et ne laissez pas transparaître votre ennui en reculant votre siège et en croisant les bras derrière votre tête.

➤ Ne posez pas de question sur la vie privée : en France cela ne se fait pas.

➤ Prenez les documents qu'on vous remet, mais vous pouvez annoncer que vous les lirez plus tard.

➤ Raccompagnez votre visiteur jusqu'à la porte de votre bureau ou jusqu'à l'ascenseur, et remerciez-le de s'être déplacé. En France, il n'est pas dans les habitudes de remercier par écrit.

>>> CAS PRATIQUE >>> CAS PRATIQUE >>> CAS PRATIQUE >>> CAS PRATIQUE

VOUS ÊTES MARIÉ, VOUS AVEZ DES ENFANTS...?...

> Que pensez-vous du comportement des interlocuteurs ?
> Quels conseils donneriez-vous à un Français qui a une première entrevue dans votre pays ?

UNITÉ 6 QUE D'ÉVÉNEMENTS !

Vous allez vous entraîner à :

- donner des informations sur le lieu et le moment d'un événement
- indiquer le thème et/ou le programme d'un événement
- demander de confirmer la présence à un événement
- donner des précisions sur des actions ou des faits nécessaires
- donner des précisions sur les rôles de chacun
- exprimer une volonté / un souhait
- dire des sentiments
- formuler des vœux personnels et professionnels
- décrire des échanges verbaux
- expliquer des conséquences

Vous allez utiliser :

- les adverbes en *-ment*
- le subjonctif présent pour :
  - l'expression de la nécessité
  - l'expression du souhait
  - l'expression des sentiments
- l'expression de la conséquence

Pour être capable :

- de rédiger une invitation à un événement professionnel
- d'échanger à propos d'un événement professionnel et de son organisation
- de faire un discours simple de remerciement
- de faire un compte rendu oral simple d'une rencontre et des échanges qui ont suivi
- de rédiger une note brève pour indiquer des dispositions et leurs conséquences

A Vous êtes attendu(e)s

1. LISEZ LES DOCUMENTS

Document 1

ÉNERGIE FEMME

a le plaisir de vous convier
au **Forum de l'Entreprenariat au Féminin**
le jeudi 29 mai, de 9 h 30 à 17 h 30.
Salle Saturne de l'Hôtel Bosco
Villeurbanne

Pour la deuxième année consécutive, *ÉNERGIE FEMME* organise une journée d'information et d'échanges sur la création d'entreprise, à destination des femmes de plus de 45 ans.

❖

▶ Le matin, une table ronde réunira des entrepreneuses aux parcours et profils variés qui décriront clairement leurs expériences et partageront leurs points de vue avec les participantes.

▶ L'après-midi, très pratique, s'ouvrira sur une présentation des acteurs de la création d'entreprise en France. Les femmes présentes pourront facilement obtenir des réponses à leurs questions, affiner concrètement leurs projets et prendre rapidement des contacts, grâce aux différents ateliers qui se dérouleront tout le long de l'après-midi.

Entrée gratuite
Inscrivez-vous par mail : info@energie.femme.com

N'hésitez pas à transférer ce mail à vos contacts !

Document 2

EMAT

Le 15 septembre 20...

Émetteur : DRH
Destinataire : tout le personnel

Note d'information

Objet : remise de médailles du travail.

Le 21 septembre prochain, sept de nos collègues recevront la médaille du travail.
Vous êtes cordialement invités à la cérémonie qui se tiendra dans la salle de conférences à 12 heures 30.
Vous êtes également attendus au cocktail qui aura lieu à l'issue de celle-ci.
Merci de confirmer votre présence auprès de Martine (poste 234).

Frédérique Duvillain

2. VÉRIFIEZ VOTRE COMPRÉHENSION

Complétez un mémo pour chaque document.

Objet :	
Organisateur :	
Date et lieu :	Participants :
....	....
Programme :	
....	
....	

3. RETENEZ

Pour rédiger une invitation :

▶ **Inviter.**
– *Énergie Femme* **a le plaisir de vous convier /
inviter** au *Forum de l'Entreprenariat.*
– Vous êtes **cordialement invités** à la cérémonie.
– Vous êtes **attendus / conviés** au cocktail.

▶ **Indiquer le lieu et le moment.**
– La cérémonie **se tiendra** dans la salle de
conférences à 12 heures 30.
– Un cocktail **aura lieu** à l'issue de la
cérémonie.

▶ **Indiquer le thème et/ou le programme.**
– *Énergie Femme* **organise** une journée
d'information et d'échanges **sur** la création
d'entreprise.
– L'après-midi, **s'ouvrira sur / débutera par**
une présentation des acteurs de la création.
– Différents ateliers **se dérouleront tout
le long de** l'après-midi.

▶ **Faire confirmer la présence.**
– Inscrivez-vous par mail.
– Merci de confirmer votre présence auprès
de Martine.

> Voir les outils linguistiques de l'unité 6, page 98.

Pour préciser des actions ou des faits :
Des entrepreneuses décriront **clairement** leurs
expériences.
Les femmes présentes pourront **facilement** obtenir
des réponses à leurs questions, affiner **concrètement**
leurs projets et prendre **rapidement** des contacts.

66 LE VOCABULAIRE

atelier (n. m.)	journée
avoir lieu (v.)	(d'information) (n. f.)
cérémonie (n. f.)	présentation (n. f.)
cocktail (n. m.)	se tenir (v.)
débuter (v.)	s'ouvrir (v.)
forum (n. m.)	table ronde (n. f.)

99

4. COMMUNIQUEZ

1. Venez nombreux.
Vous organisez un congrès.
Étape n° 1 : **par petits groupes, discutez pour définir un thème et le programme. Fixez les
détails (date, lieu, participants).**
Étape n° 2 : **rédigez l'invitation.**

2. C'était super !
**Vous êtes allé(e) à un événement professionnel. Parlez-en à un(e) collègue qui n'a pas pu y
participer. Jouez la situation à deux.**

B Question d'organisation

1. ÉCOUTEZ LE DIALOGUE

Jacques : Bien, je vous ai réunis pour parler de l'organisation du salon. Il y aura plus de deux cent cinquante exposants, alors il est important que notre stand soit attractif.

Julie : Qui sera le responsable du stand ?

Jacques : Martine Lelouche s'occupera de la location du mobilier et Julien Moal sera en charge de l'organisation.
Mais il est impératif que nous réfléchissions ensemble sur le contenu de notre brochure et qu'on fasse de grands panneaux d'affichage pour faire connaître notre entreprise.

Pascal : Est-ce qu'on distribuera des objets publicitaires aux visiteurs ?

Jacques : Oui, mais nous ne savons pas encore ce que nous allons proposer. Il faut que j'en parle avec le directeur marketing.

Julie : Au fait, on fait quelque chose de spécial pour l'inauguration ?

Jacques : Bien sûr. Nous inviterons nos principaux clients à une petite réception le jeudi soir sur notre stand. Il est donc absolument indispensable que nous lancions des invitations rapidement. Danielle, vous pouvez vous en charger ?

Danielle : Bon, d'accord, pas de problème.

2. VÉRIFIEZ VOTRE COMPRÉHENSION

Voici les notes du responsable de la réunion. Cochez les points abordés.

☐ • *Annuaire des exposants*
☐ • *Brochure*
☐ • *Cérémonie de clôture*
☐ • *Invitations pour l'inauguration*
☐ • *Distribution de badges*
☐ • *Dossier de presse*
☐ • *Location du mobilier*

☐ • *Objets publicitaires*
☐ • *Organisation atelier*
☐ • *Panneaux d'affichage*
☐ • *Prospection clients*
☐ • *Nombre d'exposants*
☐ • *Réservation emplacement publicitaire*

3. RETENEZ

Pour indiquer les rôles de chacun :
Martine Lelouche **s'occupera de** la location du mobilier.
Julien Moal **sera en charge de** l'organisation.
Danielle, **vous vous chargez des** invitations ?

Pour préciser des faits et des actions nécessaires :
Il **est important que** notre stand soit attractif.
Il **est impératif que** nous réfléchissions ensemble.
Il **faut que** je parle au directeur marketing.
Il **est indispensable que** nous lancions des invitations
rapidement.

> Voir les outils linguistiques de l'unité 6, page 98.

❝ LE VOCABULAIRE
annuaire (n. m.)
badge (n. m.)
brochure (n. f.)
clôture (n. f.)
emplacement (publicitaire) (n. m.)
exposant (n. m.)
inauguration (n. f.)
mobilier (n. m.)
objet (publicitaire) (n. m.)
panneau (n. m.)
salon (n. m.)
stand (n. m.) ❞

4. COMMUNIQUEZ

1. C'est la fête.
C'est la fin de l'année. Avec deux autres collègues, vous êtes chargé(e) d'organiser une
petite fête pour les différentes personnes du
service.
Réunissez-vous et discutez-en.
Faites ensuite part de vos décisions aux collègues concernés.

2. Contretemps.
Vous deviez accueillir un nouveau stagiaire,
mais vous n'êtes finalement pas disponible pour le faire. Rédigez un courriel à un(e) autre
collègue pour lui demander de le recevoir à votre place. Indiquez-lui bien ce qu'il est
nécessaire de montrer et d'expliquer au nouveau stagiaire.
Inspirez-vous du mémo suivant que vous pouvez détailler et/ou compléter.

- Présentation des personnes du service.
- Informations sur les fonctions de chaque
  personne du service.
- Informations sur ce qu'il / elle va faire.
- Indications pour l'utilisation du matériel
  (photocopieur...).
- Informations sur le restaurant d'entreprise.

C Merci pour tout

1. ÉCOUTEZ LE DOCUMENT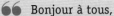

 Bonjour à tous,

Je suis très ému de prendre la parole aujourd'hui, à l'occasion de mon départ en retraite, et vraiment touché que tout le monde soit là.

Je ne suis pas habitué aux longs discours, mais je souhaite vous dire un petit mot, pour exprimer ma reconnaissance à chacune des personnes avec qui j'ai partagé plus que mon travail pendant toutes ces vingt années passées au service de radiologie.

Je ne veux pas que vous pensiez que je suis triste de vous quitter.

Il y a un temps pour tout, et le moment est venu pour moi de me consacrer à d'autres activités, et aussi à ma famille. Vous savez que j'adore la peinture et les voyages, et je suis heureux d'avoir enfin du temps pour ça.

Je voudrais que vous sachiez que je ne vous oublierai pas et vous pouvez compter sur moi pour venir vous rendre une petite visite de temps à autre.

Voilà, j'espère que cette clinique continuera à prospérer et je vous souhaite à tous beaucoup de réussite dans votre travail.

Merci pour tout, et merci aussi pour cette fête organisée en mon honneur, et pour ce beau cadeau. Cela me touche beaucoup.

2. VÉRIFIEZ VOTRE COMPRÉHENSION

Lisez les affirmations et dites si c'est « vrai », « faux » ou si « on ne sait pas » (?).

	Vrai	Faux	?
1. La personne parle à des clients.			
2. Elle va changer de service.			
3. Elle a travaillé plus de quinze ans ici.			
4. Elle est radiologue.			
5. Elle est triste de partir.			
6. Elle va bientôt partir en voyage.			
7. Elle pense qu'elle pourra revenir.			

3. RETENEZ

Pour exprimer sa volonté ou des souhaits, pour soi ou pour les autres :

Je souhaite / j'aimerais vous dire un petit mot.
Je ne veux pas / je ne voudrais pas que vous pensiez que je suis triste.
Je voudrais / je veux que vous sachiez que je ne vous oublierai pas.
J'espère que cette clinique continuera à prospérer.

> Voir les outils linguistiques de l'unité 6, page 99.

Pour dire des sentiments :

Je suis touché(e) que tout le monde soit là.
Je suis triste de vous quitter.
Je suis très ému(e) de prendre la parole.
Je suis heureux(se) d'avoir du temps.

> Voir les outils linguistiques de l'unité 6, page 99.

❝ LE VOCABULAIRE
discours (n. m.)
ému(e) (adj.)
honneur (n. m.)
partager (v.)
reconnaissance (n. f.)
rendre (visite) (v.)
retraite (n. f.)
touché(e) (adj.)
se consacrer (v.) **❞**

4. COMMUNIQUEZ

1. Au revoir !
Vous quittez votre entreprise pour un autre poste.
À l'occasion de votre départ, vous rédigez un petit discours que vous lirez à vos collègues.

2. Bonne année !
C'est le début de l'année.
Rédigez un message que vous enverrez à vos proches collaborateurs ou à vos clients.
Formulez des vœux personnels et professionnels.

Meilleurs vœux

D Repas d'affaires réussis

1. LISEZ LE DOCUMENT

Un repas professionnel est moins formel que le rendez-vous au bureau, il sert à établir des contacts, entretenir un réseau ou faire avancer des projets. Par conséquent, il est important de le réussir.

Voici quelques règles à respecter.

1. Aujourd'hui, les repas d'affaires sont des déjeuners de travail, c'est pourquoi il est important que la personne invitée connaisse clairement l'objet de la rencontre.

2. On n'organise pas de déjeuner pour conclure une affaire. L'objectif est de découvrir le milieu personnel et professionnel d'un client ou de mettre en relation des collaborateurs et des clients. Les déjeuners permettent aussi de cultiver son réseau et d'échanger avec les experts du secteur.

3. Des plats trop épicés, une attente interminable après chaque plat, des serveurs maladroits, une ambiance amusante peuvent alimenter facilement une discussion entre amis, mais ce n'est pas le cas avec un client. C'est pourquoi, les cadres habitués aux déjeuners d'affaires préfèrent les endroits qu'ils connaissent, de manière à éviter les problèmes de ce genre et pouvoir vraiment discuter. Et pour se concentrer, mieux vaut choisir les restaurants sobres que les restaurants gastronomiques ou les tables branchées*.

4. Dans les premiers instants, comme pour un rendez-vous professionnel, il faut s'intéresser à la personne. De quelle humeur est-elle ? Comment s'est déroulée sa matinée ? Éviter de parler tout de suite des affaires.

Cependant, il faut faire attention à ne pas trop s'étendre sur les centres d'intérêt annexes. Parfois, personne n'aborde les sujets de travail, si bien qu'au moment de payer l'addition on n'a pas évoqué les points importants de la rencontre. Il est donc indispensable de préparer la rencontre au minimum.

5. L'objet du déjeuner, c'est l'autre. C'est pour cette raison qu'un bon commercial doit laisser la parole à son interlocuteur. Il faut que la discussion soit fluide. On écoute et on relance.

Un déjeuner d'affaires réussi, c'est quand les interlocuteurs ont envie de se revoir parce qu'ils ont découvert des intérêts communs.

* Tables branchées : tables à la mode.

2. VÉRIFIEZ VOTRE COMPRÉHENSION ?

Associez chaque titre ci-dessous à chacun des cinq conseils. Notez le numéro qui convient.

a) Choisir un lieu connu et calme.　　　◆ ......

b) Être clair sur les raisons du déjeuner.　◆ ......

c) Laisser le premier rôle à l'invité.　　　◆ ......

d) Ne pas valider d'affaires.　　　　　　◆ ......

e) Organiser les échanges.　　　　　　◆ ......

3. RETENEZ

Pour décrire des échanges :
Échanger avec les experts du secteur.
Établir un contact.
Alimenter facilement **une discussion**.
Les cadres peuvent vraiment **discuter**.
Parler tout de suite des affaires.
S'étendre sur les centres d'intérêt.
Aborder un sujet.
On n'a pas **évoqué** les points importants.
Laisser la parole à son interlocuteur.
On **relance la conversation**.

❝ LE VOCABULAIRE

attente (n. f.)	maladroit(e) (adj.)
avancer (v.)	milieu (n. m.)
conclure (v.)	rencontre (n. f.)
cultiver (v.)	réseau (n. m.)
entretenir (v.)	se concentrer (v.)
fluide (adj.)	se dérouler (v.)
intérêt (n. m.)	se revoir (v.)
interminable (adj.)	sobre (adj.) ❞

Pour expliquer des conséquences :
Un repas professionnel est moins formel que le rendez-vous au bureau, **par conséquent** il est important de le réussir.
... ce n'est pas le cas avec un client. **C'est pourquoi**, les cadres habitués aux déjeuners d'affaires préfèrent les endroits qu'ils connaissent.
Parfois, personne n'aborde les sujets de travail, **si bien qu'**au moment de payer l'addition on n'a pas évoqué les points importants de la rencontre. Il est **donc** indispensable de préparer la rencontre au minimum.

> Voir les outils linguistiques de l'unité 6, page 99.

4. COMMUNIQUEZ

1. Ça s'est bien passé.
Vous avez dîné avec un prospect (un client possible). Vous faites un compte rendu oral à votre responsable. Donnez des précisions sur les échanges. Jouez la situation à deux.

Rôle 1
Vous
Vous devez faire part :
➤ des points sur lesquels a porté la conversation,
➤ des points abordés en particulier,
➤ des points qui n'ont pas été évoqués.

Rôle 2
Le / la responsable
Vous devez :
➤ poser des questions pour obtenir le plus de précisions possibles sur ces échanges.

2. Nouvelles dispositions.
Il va y avoir des changements dans votre entreprise. Indiquez-les à vos collègues dans une note au personnel.
Pour cela, indiquez les problèmes actuels, leurs conséquences et/ou les nouvelles dispositions. Vous pouvez parler du restaurant, du parking, des voitures de fonction, de l'aménagement des bureaux.

1. LES ADVERBES EN -MENT

Pour préciser / décrire une action.

Adjectifs au féminin	Adverbes en -MENT
claire	claire**ment**
facile	facile**ment**
concrète	concrète**ment**
Construction de l'adverbe : adjectif au féminin + -MENT	

 Pour les adjectifs au masculin terminés par **-i, -u, -é**, le -e du féminin disparaît.
Exemples :
– joli → jolie → joli**ment**,
– absolu → absolue → absolu**ment**,
– aisé → aisée → aisé**ment**.

 Pour les adjectifs au masculin terminés par **-ent** :
→ féminin : **-ente** → adverbe : **-emment**.
Exemple : évid**ent** → évid**ente** → évid**emment**.

Pour les adjectifs au masculin terminés par **-ant** :
→ féminin : **-ante** → adverbe : **-amment**.
Exemple : méch**ant** → méch**ante** → méch**amment**.

2. LE SUBJONCTIF PRÉSENT

Pour exprimer la nécessité.

> Il est important que **notre stand soit** attractif.
> Il est impératif que **nous réfléchissions** ensemble.
> Il est indispensable que **nous lancions** des invitations rapidement.
> Il faut que **je parle** au directeur marketing.

> On utilise le subjonctif après les expressions impersonnelles, quand le sujet est précisé.
> Il faut parler. → Il faut + infinitif.
> Il faut que **je parle**. → Il faut + que + **sujet** + verbe au **subjonctif présent**.

La **formation** du subjonctif présent :

Pour je / tu / il(s) / elle(s)	Pour **nous** et **vous**
Radical de la 3ᵉ personne du pluriel du présent de l'indicatif + terminaisons : -e / -es / -e / -ent.	Mêmes **formes** qu'à l'imparfait.

 Quelques verbes sont irréguliers :
aller, avoir, être, faire, pouvoir, vouloir, savoir...

CONJUGAISON	PARLER		PARTIR	
	que je	parl**e**	que je	part**e**
	que tu	parl**es**	que tu	part**es**
	qu'il / elle / on	parl**e**	qu'il / elle / on	part**e**
	que nous	parl**ions**	que nous	part**ions**
	que vous	parl**iez**	que vous	part**iez**
	qu'ils / elles	parl**ent**	qu'ils / elles	part**ent**

> Voir le précis de conjugaison, pages 182-185.

3. L'EXPRESSION DU SOUHAIT

Pour exprimer une volonté ou un souhait.

Je souhaite ⟍ **vous** dire un petit mot. **J**'aimerais ⟋	**Je** ne veux pas ⟍ **Je** ne voudrais pas ⟍ que **vous** pensiez que **je** suis triste. **Je** veux ⟍ **Je** voudrais ⟋ que **vous** sachiez que **je** ne vous oublierai pas. **J'espère** que cette clinique **continuera** à prospérer.
Sujets des 2 verbes **identiques** : → utilisation de l'**infinitif**.	**Sujets** des 2 verbes **différents** : → utilisation du **subjonctif**. ⚠ Avec le verbe **espérer** on utilise l'indicatif : → **J'espère** que tu **viens** / **vas venir** / **reviendras**.

4. L'EXPRESSION DES SENTIMENTS

Pour dire ses sentiments à propos d'une action ou d'un fait présent ou futur.

– Je suis triste **de** vous **quitter**. – Je suis très ému(e) **de prendre** la parole. – Je suis heureux(se) **d'avoir** du temps.	– Je suis vraiment touché(e) **que** tout le monde **soit** là.
Sujets des 2 verbes **identiques** : → sentiment + **de** + **infinitif**.	**Sujets** des 2 verbes **différents** : → sentiment + **que** + **subjonctif**.

5. L'EXPRESSION DE LA CONSÉQUENCE

Pour justifier ou pour parler du résultat d'un fait ou d'une action.

Un repas professionnel est moins formel que le rendez-vous au bureau, **par conséquent**… Ce n'est pas le cas avec un client. **C'est pourquoi**… Parfois, personne n'aborde les sujets de travail, **si bien que**… Il est **donc** important de préparer la rencontre au minimum.
Par conséquent, c'est pourquoi, si bien que, donc, alors (oral), **aussi**… + sujet + verbe.

PRONONCEZ

Écoutez ces phrases et dites ce qu'elles expriment : joie, émotion, surprise ou tristesse.

1. Je suis très ému de prendre la parole aujourd'hui. → ....
2. Je suis triste de vous quitter. → ....
3. Je suis vraiment touché que tout le monde soit là. → ....
4. Quel beau cadeau ! Je ne m'y attendais pas. → ....
5. Je penserai à vous quand je ferai des promenades à vélo. → ....
6. Je suis heureux d'avoir du temps pour moi. → ....
7. Merci beaucoup pour cette fête organisée en mon honneur. → ....

Répétez les phrases.

1. Présence obligatoire

Transformez les adjectifs entre parenthèses en adverbes.

– Merci pour l'invitation, mais je ne pourrai *(malheureux)* … pas venir.

– Pourquoi ? Dis-le moi *(franc)* … .

– J'ai un rendez-vous et je pourrai *(difficile)* … me libérer.

– Tu es sûr que tu ne peux *(vrai)* … pas te libérer ?

– Non, c'est très important. Je rencontre un partenaire allemand qui travaille *(régulier)* … avec nous et nous devons parler très *(sérieux)* … d'un nouveau projet.

– Combien de temps va *(réel)* … durer ton rendez-vous ?

– Il va *(probable)* … durer tout l'après-midi, mais si on finit *(rapide)* … je viendrai *(immédiat)* … à ton pot.

– D'accord. Rappelle-toi, je compte *(vif)* … sur toi !

– Oui, oui, je sais !

2. Désaccords

Utilisez le verbe proposé pour compléter les dialogues.
Choisissez entre l'infinitif, le futur simple ou le subjonctif présent.

1. *(organiser)* – Ils souhaitent … une réunion.
   – Ah non ! Je ne veux pas qu'ils en … une. C'est trop tôt !

2. *(lire)* – Je voudrais que vous … ce dossier.
   – Ah non ! Ce n'est pas mon travail. Moi, j'aimerais que Marie le … .
   – J'espère qu'elle le … rapidement.

3. *(faire)* – Tu veux bien … cette enquête ?
   – Ah non, pas toute seule ! Je voudrais que nous la … ensemble.

4. *(mettre)* – Nous souhaiterions … une affiche ici.
   – Ce n'est pas possible ! La direction ne veut pas que les employés … des affiches non professionnelles dans les bureaux.
   – Très bien ! Nous la … sur un panneau dehors.

3. Jeu test

Quelles sont vos relations avec vos collègues ?
Lisez les propositions et choisissez chaque fois la forme qui convient quand deux formes sont proposées.

Un collègue part à la retraite.

1. ❑ Vous êtes triste de partir / qu'il parte.
2. ❑ Vous êtes furieux(se) : ça fera du travail en plus.
3. ❑ Vous êtes content(e) d'apprendre la nouvelle / qu'il apprenne la nouvelle.

Un collègue vous invite chez lui avec d'autres collègues.

1. ❑ Vous êtes heureux(se) d'y aller / qu'il y aille.
2. ❑ Vous êtes fâché(e) d'inviter d'autres collègues / qu'il invite d'autres collègues.
3. ❑ Vous êtes triste de ne pas être libre / qu'il ne soit pas libre.

Un collègue veut emprunter votre ordinateur.

1. ❑ Vous êtes heureux(se) d'utiliser l'ordinateur / qu'il utilise l'ordinateur.
2. ❑ Vous êtes malheureux(se), mais vous ne dites rien.
3. ❑ Vous êtes triste de ne pas demander l'autorisation / qu'il ne demande pas l'autorisation.

1. COMPRÉHENSION ÉCRITE

Une bonne organisation.

1) Lisez le document. Retrouvez l'ordre du texte et faites correspondre chaque paragraphe (a, b, c, d) au sous-titre qui convient.

Un stand dynamique

Des suites à donner

Un emplacement stratégique

Le salon qu'il vous faut

Ordre	1	2	3	4
Paragraphe	...	...	...	...
Sous-titre	...	...	...	...

2) Relevez dans chaque paragraphe (a, b, c, d) l'action ou les actions essentielle(s) conseillée(s). Résumez-la / les très brièvement (cinq à dix mots).

Participer à un salon

a) Après l'événement : n'oubliez pas de faire un compte rendu que vous conserverez précieusement. C'est aussi le moment de comptabiliser le nombre de contacts obtenus et de relancer les personnes qui vous intéressent pour une prise de rendez-vous : c'est la phase de concrétisation commerciale.

b) La réservation du stand est la première étape : le tarif et l'endroit où vous vous installerez sont toujours à négocier. Sachez qu'instinctivement, les visiteurs commencent leur visite par la partie droite du salon (en se positionnant de face par rapport à l'entrée) : pensez-y avant de faire votre choix.

c) Il est important d'avoir en tête l'objectif principal de votre participation à un salon. Est-ce pour l'image de l'entreprise ou pour mener une action commerciale ? Si vous hésitez entre plusieurs salons, demandez aux organisateurs qu'ils vous communiquent les données chiffrées des précédentes éditions pour vérifier la fréquentation et la qualité des visiteurs.

d) Pour apporter de l'animation à votre stand pendant le salon, prévoyez :
   – un écran sur lequel vous diffuserez en boucle un PowerPoint conçu pour l'occasion,
   – une plaquette spécifique pour présenter votre entreprise,
   – de petits cadeaux (stylos, blocs, sacs, *Post-it*...) offerts sur place et qui permettront aux visiteurs de se souvenir de votre entreprise,
   – des fiches de contact que les visiteurs compléteront.

2. COMPRÉHENSION ORALE

De bonnes intentions.

Écoutez ces cinq personnes. Dites quelle est l'intention de chacune d'elles. Choisissez la bonne réponse dans la liste A à H et notez-la.

Personne 1 : ....
Personne 2 : ....
Personne 3 : ....
Personne 4 : ....
Personne 5 : ....

A. Exprimer des sentiments.
B. Vanter un produit.
C. Expliquer une organisation.
D. Inviter une personne.
E. Donner des conseils.
F. Décrire un service.
G. Indiquer sa volonté.
H. Raconter un événement.

Comment rédiger une note d'information ou de service

- La **note d'information** a un but informatif.
- La **note de service** transmet un ordre.
- La présentation des notes n'est pas normalisée, mais on y trouve des éléments communs.

1. En-tête simplifié
2. Service émetteur
3. Lieu et date
4. Le ou les destinataires : la note peut s'adresser à une seule personne, à plusieurs personnes d'un même service ou à l'ensemble du personnel.
5. Titre
6. Objet
7. Pas de titre de civilité
8. Conclusion
9. Pas de formule de politesse

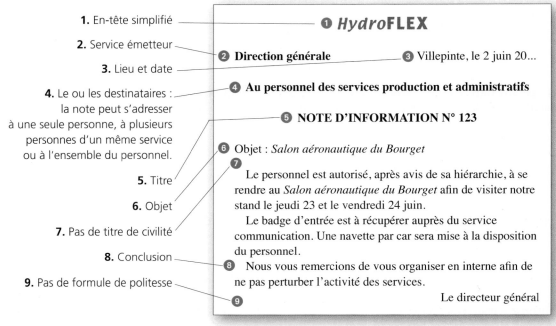

❶ HydroFLEX

❷ Direction générale   **❸** Villepinte, le 2 juin 20...

❹ Au personnel des services production et administratifs

❺ NOTE D'INFORMATION N° 123

❻ Objet : *Salon aéronautique du Bourget*
❼

Le personnel est autorisé, après avis de sa hiérarchie, à se rendre au *Salon aéronautique du Bourget* afin de visiter notre stand le jeudi 23 et le vendredi 24 juin.

Le badge d'entrée est à récupérer auprès du service communication. Une navette par car sera mise à la disposition du personnel.

❽ Nous vous remercions de vous organiser en interne afin de ne pas perturber l'activité des services.

Le directeur général

❾

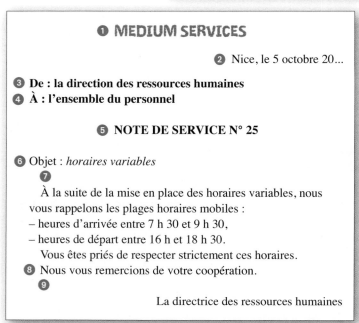

❶ MEDIUM SERVICES

❷ Nice, le 5 octobre 20...

❸ De : la direction des ressources humaines
❹ À : l'ensemble du personnel

❺ NOTE DE SERVICE N° 25

❻ Objet : *horaires variables*
❼

À la suite de la mise en place des horaires variables, nous vous rappelons les plages horaires mobiles :
– heures d'arrivée entre 7 h 30 et 9 h 30,
– heures de départ entre 16 h et 18 h 30.
Vous êtes priés de respecter strictement ces horaires.
❽ Nous vous remercions de votre coopération.
❾

La directrice des ressources humaines

Une invitation par des Français

Si vous êtes invité(e) par des Français à un dîner formel ou plus simple entre amis, les codes en usage en France sont les mêmes.

• C'est généralement l'hôtesse qui place ses invités à table ; attendez qu'elle vous indique votre place. **Les invités d'honneur** sont assis à la droite des maîtres de maison. Il est d'usage de faire alterner une femme et un homme.

• Vous placerez votre **serviette** sur vos genoux et vos mains seront posées sur la table à côté des couverts. Les couverts sont placés dans l'ordre d'utilisation.

• Pendant le repas, on fait circuler les **plats** : les invités se servent eux-mêmes, les femmes se servent d'abord, ensuite ce sont les hommes. On attend que tous les invités soient servis et que la maîtresse de maison donne le signal avant de commencer à manger.

• Ne refusez pas de **goûter un plat** et finissez ce qu'il y a dans votre assiette, mais vous n'êtes pas obligé(e) de terminer le plat. Ne faites pas de bruit avec la **bouche** quand vous mangez. Ne vous resservez pas vous-même, attendez que la maîtresse de maison vous le propose : « Resservez-vous, je vous en prie ». Pour accepter, vous pouvez répondre « Volontiers / Avec plaisir », et ajouter un compliment « C'est excellent ». Ne quittez pas la table pendant le repas, pour aller aux toilettes par exemple : cela ne se fait pas.

• En France, le repas est un moment de **convivialité**. On peut rester longtemps à table car on parle beaucoup. On peut parler de presque tout si on ne choque pas les autres invités, mais on évite de parler de ses maladies.

• Quand on quitte ses hôtes, on les salue et on les remercie : « Nous avons passé une excellente soirée, merci beaucoup », ou moins formel « Merci beaucoup, c'était très sympa ».

*Dans le cas d'un **repas d'affaires**, les codes de civilité restent les mêmes. Attendez que votre hôte vous invite à prendre place à table et à passer votre commande. Attendez aussi qu'il donne le signal du départ et n'oubliez pas de le complimenter sur le choix du restaurant.*

>>> CAS PRATIQUE >>> CAS PRATIQUE >>> CAS PRATIQUE >>> CAS PRATIQUE >>>

> Vous êtes invité(e) par des Français pour un déjeuner ou un dîner. Quels sont les comportements à éviter ? Trouvez, dans le dessin ci-dessus, les six erreurs à ne pas commettre.
> Donnez des conseils à un Français qui est invité à un déjeuner ou un dîner dans votre pays.
> Dites ce qu'il faut faire et ne pas faire. Quels sont les codes à respecter ?

UNITÉ 7 C'EST INACCEPTABLE !

Vous allez vous entraîner à :
- expliquer les motifs d'une réclamation
- demander une suite à une réclamation et indiquer des conséquences
- proposer de l'aide
- expliquer un problème technique
- exprimer votre déception et votre irritation
- parler de conditions de vente
- exprimer la restriction
- proposer une solution / un arrangement
- exprimer le but d'une action
- présenter des excuses
- relater un litige et des démarches juridiques

Vous allez utiliser :
- l'opposition
- l'expression de l'opinion avec les expressions impersonnelles + subjonctif ou infinitif
- *ne... que / seulement*
- l'expression du but (*pour / pour que...*)
- les doubles pronoms

Pour être capable :
- de rédiger une lettre de réclamation
- de répondre à des lettres de réclamation
- d'interagir lors d'une situation de réclamation ou de litige

A Rien ne va plus

1. LISEZ LES DOCUMENTS

1

Société Atic

5, avenue Cantéranne
33600 - Pessac
Tél. : 33 (0)5 57 26 46 94
Télécopie : 33 (0)5 57 26 47 95

Société Logicexpress
9, boulevard des Brotteaux
69006 - Lyon

Vos réf. : PL/CT
Nos réf. : AD/GD

Pessac, le 13 juin 20...

Objet : N/commande du 03/06/20...

Messieurs,

Le 3 juin, nous vous avons commandé des pièces de rechange destinées à la réparation urgente d'ordinateurs livrables le 10 juin.

Or, à ce jour, nous n'avons toujours pas reçu ces articles.

Ce retard nous cause un important préjudice car nous ne pouvons pas honorer nos propres engagements.

Nous comptons sur une livraison rapide.

Veuillez agréer, Messieurs, nos salutations distinguées.

Le directeur des achats

G. Ducasse

G. Ducasse

Société Anonyme au capital de 220 000 euros - RCS Bordeaux B 157 987 654 - CCP Pessac 12365487
www.atic.fr

2

À la lecture de mon dernier relevé bancaire, daté du 6 mars, j'ai constaté une erreur au débit de mon compte concernant un virement du 26 février fait en faveur de la société *KBS*. Vous avez débité la somme de 854 € au lieu de 654 €. En conséquence, je vous saurais gré de créditer mon compte du montant de la différence, soit 200 €, dans les plus brefs délais.

3

Contrairement à vos conditions de vente qui stipulaient une livraison franco domicile, vous nous avez facturé des frais de port sur notre commande de pantalons du 5 mai dernier. De plus, vous avez omis de déduire la remise de 10 % qui nous est habituellement consentie.
Nous attendons une nouvelle facture rectifiée.

4

J'accuse réception de votre livraison du 5 juin 20..., relative à ma commande du 27 mai passée sur votre site Internet.

Malheureusement, j'ai constaté au déballage les dommages suivants : huit tasses du service à café cassées, alors que l'emballage extérieur ne portait pas de traces de détérioration. Par contre, l'emballage intérieur était défectueux et par conséquent insuffisamment protecteur.

Je vous prie donc de bien vouloir remplacer les articles endommagés.

2. VÉRIFIEZ VOTRE COMPRÉHENSION ?

Complétez le tableau en indiquant le numéro de la lettre qui correspond.

Qui est le destinataire ?	Lettre n°	Quel est le motif de la réclamation ?	Lettre n°	Que demande l'expéditeur ?	Lettre n°
Une société d'accessoires informatiques.	...	Des marchandises arrivées en mauvais état.	...	Une rectification du montant du crédit.	...
Une entreprise textile.	...	Un retard de livraison.	...	Le remplacement des articles.	...
Une entreprise de vente en ligne.	...	Une erreur dans le montant facturé.	...	Une livraison dans les plus courts délais.	...
Une banque.	...	Une erreur dans un compte.	...	Une nouvelle facture.	...

3. RETENEZ

Pour faire référence :

Le 3 juin, **nous vous avons commandé**...
À la lecture de mon dernier relevé bancaire...
J'ai constaté... **concernant**...
J'accuse réception de..., relative à...

Pour demander une suite :

Nous comptons sur une livraison rapide.
En conséquence, je vous saurais gré de...
Nous attendons une nouvelle facture...
Je vous prie donc de bien vouloir...

Pour indiquer des conséquences :

Ce retard nous **cause un important préjudice**.
Nous ne pouvons pas honorer nos propres engagements.

Pour expliquer les motifs d'une réclamation :

Or, à ce jour, **nous n'avons toujours pas reçu**... / **ces articles ne nous sont toujours pas parvenus.**
Vous avez débité la somme de 854 € **au lieu de** 654 €.
Contrairement à vos conditions de vente...
Vous avez omis de déduire la remise de 10 %.
Malheureusement, j'ai constaté au déballage les dommages suivants : huit tasses du service à café cassées, **alors que** l'emballage extérieur ne portait pas de traces de détérioration.
Par contre, l'emballage intérieur était défectueux et **par conséquent** insuffisamment protecteur.

> Voir les outils linguistiques de l'unité 7, page 114.

❝ LE VOCABULAIRE

créditer (v.)
débiter (v.)
déduire (v.)
défectueux(se) (adj.)
détérioration (n. f.)
dommage (n. m.)
endommagé(e) (adj.)
en faveur de (loc.)
engagement (n. m.)

franco domicile (loc.)
omettre (v.)
pièce (de rechange) (n. f.)
port / transport (n. m.)
rectifier (v.)
remise (n. f.)
savoir gré (v.)
stipuler (v.)
virement (n. m.) **❞**

4. COMMUNIQUEZ

1. Un problème de livraison.
Vous avez passé une commande de fournitures de bureau à une entreprise française : *Fournitex*, **située 10, rue de Paris à Vincennes (94300).**
Lors du déballage, vous constatez des anomalies (articles manquants, endommagés, livraison non conforme à la commande...). Vous écrivez une lettre de réclamation à la société *Fournitex* **et vous donnez toutes les précisions utiles.**

2. Une facture erronée.
Vous venez de recevoir une facture à payer (téléphone, Internet, électricité...). Vous constatez une erreur. Vous écrivez une lettre de réclamation et vous donnez toutes les précisions utiles.

B Au service après-vente

1. ÉCOUTEZ LE DIALOGUE 🦻

Le vendeur : Bonjour madame. Puis-je vous être utile ?

La cliente : Oui. Je rentre de vacances et je viens pour un échange. Voilà, mon appareil photo numérique tout neuf est tombé en panne pendant mon séjour en Inde. Vous pouvez imaginer ma déception.

Le vendeur : En effet, expliquez-moi ce qui s'est passé.

La cliente : Je prenais une photo et tout d'un coup tout s'est éteint : le déclencheur ne s'enfonçait plus et le viseur ne fonctionnait plus. Il est inadmissible de conseiller aux clients des marques aussi peu fiables.

Le vendeur : Avez-vous votre facture et votre bon de garantie ?

La cliente : Oui, les voici.

Le vendeur : Mais madame, je ne peux plus appliquer la clause de remboursement ou d'échange car le délai n'est que de 15 jours, et la date est dépassée depuis 8 jours.

La cliente : Ah bon ! Mais j'ai eu cet appareil en cadeau de Noël juste avant de partir, et je viens seulement de rentrer.

Le vendeur : Écoutez, je vais envoyer votre appareil en réparation. Il est sous garantie « pièces et main-d'œuvre ».

La cliente : Il n'en est pas question, je repars à l'étranger. Écoutez, il est inacceptable qu'un appareil de ce prix tombe si vite en panne. C'est vraiment pénible. Il est anormal que vous ne fassiez pas un échange !

Le vendeur : Bon... Patientez un instant, s'il vous plaît. Je vais voir ce que je peux faire.

(Quelques instants plus tard.)

Le vendeur : Bien... Exceptionnellement, nous acceptons de l'échanger, pour faire un geste commercial.

La cliente : C'est très gentil à vous. J'apprécie beaucoup. Je vous remercie.

2. VÉRIFIEZ VOTRE COMPRÉHENSION ❓

Complétez la fiche de réclamation ci-dessous.

Fiche de réclamation

Nom du client : *Mme Picard*
Adresse : *28, rue de la Convention - 75015 Paris*

Date : *28/08/20...*
Tél. : *06 76 98 00 09*

Type d'appareil : ....

L'appareil est-il sous garantie ? Oui* ❏ Non* ❏

Motif de la réclamation : ....

....

Suite donnée : Réparation* ❏   Échange* ❏   Remboursement* ❏

*Cochez la réponse.

3. RETENEZ

Pour proposer de l'aide :
Puis-je vous être utile ?
Puis-je vous aider ?
Que puis-je pour vous ?
Qu'est-ce que je peux faire pour vous ?

Pour expliquer un problème technique :
Mon appareil est tombé en panne.
Je prenais une photo et tout d'un coup tout s'est éteint.
Le déclencheur ne s'enfonçait plus.
Le viseur ne fonctionnait plus.

Pour exprimer sa déception :
Vous pouvez imaginer ma déception.
Je suis très déçu(e).

Pour parler de conditions de vente :
Avez-vous votre **facture** et votre **bon de garantie** ?
Je ne peux plus appliquer **la clause de remboursement** ou **d'échange**...
Il est sous garantie « pièces et main-d'œuvre ».

Pour chercher une solution :
Je vais voir ce que je peux faire.
Je vais me renseigner.

Pour proposer un arrangement :
Exceptionnellement, nous acceptons de l'échanger pour faire un geste commercial.

Pour exprimer son irritation :
Il est inadmissible de conseiller aux clients des marques aussi peu fiables.
Il est inacceptable qu'un appareil de ce prix tombe si vite en panne.
C'est vraiment pénible.
Il est anormal que vous ne fassiez pas un échange !

Pour accepter un arrangement :
C'est très gentil à vous.
J'apprécie beaucoup.
Je vous remercie.

> Voir les outils linguistiques de l'unité 7, page 114.

4. COMMUNIQUEZ

1. Encore en panne.
Vous avez acheté un appareil (ordinateur, téléphone portable, lecteur DVD, appareil électroménager...) et il est tombé en panne. Vous êtes au service après-vente.
Jouez la situation à deux.

" LE VOCABULAIRE
bon (de garantie) (n. m.)
clause (n. f.)
déclencheur (n. m.)
échange (n. m.)
fiable (adj.)
panne (n. f.)
remboursement (n. m.)
tomber / être (en panne) (v.)
"

Rôle 1

Vous

Vous devez :
➢ expliquer le problème,
➢ exprimer votre déception,
➢ exprimer votre irritation,
➢ accepter l'arrangement.

Rôle 2

L'employé(e)

Vous devez :
➢ accueillir le / la client(e) et lui proposer votre aide,
➢ parler des conditions de vente,
➢ proposer un arrangement.

2. Ce n'est plus possible !
Vous êtes irrité(e) : votre collègue a des absences répétées ou fait preuve d'incompétence, ou encore le matériel de bureau (photocopieur, ordinateur...) est trop vieux et tombe toujours en panne. À vous de choisir une situation.
Vous écrivez un mail à un(e) collègue : vous lui faites part du problème et vous exprimez votre irritation.

C Bien traiter les réclamations

1. LISEZ LE DOCUMENT

FAIRECOST

Direction générale France
3, avenue de l'Atlantique
91140 - Les Ulis
Tél. : 01 60 92 45 78
Fax : 01 60 98 48 71

Madame Maussner
10, rue Amodru
91190 - Gif-sur-Yvette

Vos réf. : V/lettre du 15 février 20...
Nos réf. : MP/LG/98574

Les Ulis, le 12 mars 20...

Objet : N/produit café moulu.

Chère Cliente,

Votre courrier concernant le café moulu de notre marque a retenu toute notre attention.

Nous avons tout de suite informé notre fournisseur afin d'analyser avec lui le problème que vous avez rencontré.

Nous vous prions d'accepter toutes nos excuses. Nos panels de dégustation n'ont pourtant révélé aucune anomalie d'odeur et de goût, et nous sommes tout à fait désolés du désagrément subi.

Nous cherchons toujours à satisfaire au mieux notre clientèle et la qualité de nos produits est pour nous une priorité ; c'est pourquoi nous vous remercions de votre remarque.

Afin que vous puissiez mieux juger de la qualité de nos produits, nous vous invitons à vous rendre dans votre magasin *Fairecost* habituel. Vous y recevrez un bon d'achat de 30 € sur présentation de cette lettre.

Nous espérons que vous continuerez à nous accorder votre confiance.

Soyez assurée que nous ferons tout notre possible pour qu'un tel incident ne se reproduise pas.

Avec toutes nos excuses renouvelées, nous vous prions de croire, Chère Cliente, à nos sentiments dévoués.

Le responsable du service clientèle

M. Guibert

M. Guibert

SAS au capital de 19 000 000 euros - RCS Évry 568 489 547 - Siret 56489547000 701
www.fairecost.fr

Voici des conseils pour bien traiter les réclamations. Remettez-les dans l'ordre des idées de la lettre.

a) Présenter des excuses. → ......

b) Espérer garder de bonnes relations. → ......

c) Assurer le client de ses efforts. → ......

d) Proposer un arrangement ou une solution. → ......

e) Accuser réception de la lettre. → ..*1*..

f) Remercier le client de sa remarque. → ......

g) Prendre congé avec une formule de politesse. → ......

h) Annoncer l'action entreprise. → ......

> **❝ LE VOCABULAIRE**
> désagrément (n. m.)
> incident (n. m.)
> juger (v.)
> panel (n. m.)
> priorité (n. f.)
> renouveler (v.)
> satisfaire (v.) **❞**

3. RETENEZ ◎

Pour exprimer le but d'une action :

Nous avons tout de suite informé notre fournisseur **afin d'analyser avec lui le problème** que vous avez rencontré.
Nous cherchons toujours à satisfaire au mieux notre clientèle.
Afin que vous puissiez mieux juger de la qualité de nos produits...
Soyez assuré(e) que nous ferons tout notre possible **pour qu'un tel incident ne se reproduise pas.**

> Voir les outils linguistiques de l'unité 7, page 115.

Pour présenter des excuses :
**Nous vous prions d'accepter toutes nos excuses /
de nous excuser** pour l'incident / le retard / le dommage / le désagrément subi / l'erreur...
Nous sommes désolés de...
Avec toutes nos excuses renouvelées...

Pour exprimer l'espoir de garder de bonnes relations :
Nous espérons que vous continuerez à nous accorder votre confiance.

4. COMMUNIQUEZ 👄

1. Avec toutes nos excuses.
Vous travaillez au service clientèle et vous traitez les réclamations. Vous choisissez une lettre parmi celles du document A (page 106) et vous y répondez.
Suivez les conseils donnés ci-dessus pour bien traiter les lettres de réclamation.

2. Quelle déception !
Vous avez acheté un produit et vous êtes déçu(e) de la qualité. Vous téléphonez au service clientèle et vous faites part de votre mécontentement. Jouez la situation à deux.

Rôle 1	Rôle 2
Vous	L'employé(e) du service après-vente
Vous devez :	Vous devez :
➤ expliquer les motifs de la réclamation,	➤ présenter des excuses,
➤ exprimer votre mécontentement.	➤ indiquer le but de l'action que vous souhaitez entreprendre pour satisfaire le / la client(e).

D Sondage express : « Avez-vous déjà été confronté à un litige ? »

1. ÉCOUTEZ LES DOCUMENTS

1. Hervé Lenois

J'avais acheté des accessoires informatiques sur Internet, mais lorsque j'ai reçu ma livraison, elle ne correspondait pas à ma commande. Alors, j'ai contacté la société et on m'a répondu : « Renvoyez-les nous ». Je les leur ai donc retournés, mais ils ne m'ont pas envoyé de colis de remplacement et ils ne répondaient pas à mes mails. Pour les y obliger, je les ai menacés d'aller porter l'affaire en justice pour régler le litige et j'ai adressé une copie à une association de consommateurs. Ça leur a fait peur, et pour finir ils m'ont remboursé ma commande.

2. Amélie Doret

Nous revenons d'un séjour à l'Île Maurice et nous sommes très mécontents des prestations. Quand nous sommes arrivés à l'hôtel, il était en travaux. Il y avait du bruit toute la journée et de la poussière partout. J'ai aussitôt appelé l'agence, je leur en ai parlé et je leur ai demandé de nous mettre dans un autre hôtel. Comme ils s'y refusaient, nous avons dû changer d'hôtel à nos frais. Nous avons pris des photos et maintenant l'affaire est entre les mains de notre avocat qui a engagé une procédure.

3. Jim Thomson

J'ai acheté une voiture d'occasion chez un garagiste, mais après quelques kilomètres, le moteur est tombé en panne. Je la lui ai rapportée. Comme il était de mauvaise foi, j'ai demandé une expertise et il me l'a facturée très cher. En fait, c'était de sa faute, il avait oublié de contrôler le niveau d'huile. C'est le service contentieux de mon assurance qui s'occupe maintenant de l'affaire, mais j'ai déjà dépensé beaucoup d'argent, et j'ai peur que la procédure soit longue.

2. VÉRIFIEZ VOTRE COMPRÉHENSION

Complétez le tableau.

	Objet du litige	Cause du litige	Suite donnée
1. Hervé Lenois	...	...	...
2. Amélie Doret	...	...	...
3. Jim Thomson	...	...	...

3. RETENEZ

Pour relater un litige et des démarches juridiques :
Demander / faire faire une expertise.
Régler / avoir un litige.
Porter une affaire en justice.
Être entre les mains d'un avocat.
Engager une procédure.
Être de mauvaise foi.
S'occuper d'une affaire.

❝ LE VOCABULAIRE
assurance (n. f.)
avocat (n. m.)
contentieux (n. m.)
expertise (n. f.)
litige (n. m.)
menacer (v.)
procédure (n. f.)
se refuser à (faire
quelque chose) (v.) **❞**

4. COMMUNIQUEZ

1. Votre témoignage nous intéresse.
Une association de consommateurs recherche des témoignages sur des litiges avec des commerçants ou des prestataires de services.
Vous apportez votre témoignage sur le forum de l'association. Vous précisez quel était le litige et quelle en a été la suite. Rédigez le message.

2. Dans l'attente d'une réponse.
Choisissez un des témoignages de la page 112. Imaginez que la personne écrit une lettre au commerçant au sujet du litige. Vous relatez les faits et vous concluez la lettre par une menace.

3. Comment traiter les clients mécontents...
Quels conseils donneriez-vous pour ne pas perdre un client mécontent ou réagir face à une personne difficile ?
Appuyez-vous sur votre expérience. Comment avez-vous été traité(e) lors d'un désaccord ou d'un litige avec un commerçant ou encore avec un supérieur hiérarchique ? Quelles réactions attendiez-vous de leur part ?
Comment cela se passe-t-il dans votre entreprise ou dans votre pays ?
Mettez-vous par petits groupes et échangez vos idées.

1. L'OPPOSITION

Pour marquer des contraires, des contrastes ou des contradictions entre deux faits.

– **Contrairement à** vos conditions de vente, vous nous avez facturé des frais de port.

– Nous vous avons commandé des pièces de rechange livrables le 10 juin. **Or / mais**, à ce jour ces articles ne nous sont pas parvenus.

– J'accuse réception de votre livraison. **Malheureusement / mais**, j'ai constaté des dommages au déballage.

– Huit tasses du service à café étaient cassées, **alors que** l'emballage extérieur ne portait pas de traces de détérioration.

– L'emballage extérieur ne portait pas de traces de détérioration. **Par contre / tandis que / en revanche**, l'emballage intérieur était défectueux.

– Vous avez débité la somme de 854 € **au lieu de** 654 € (**au lieu de** débiter la somme de 654 €).

> Pour exprimer l'opposition, on utilise les mots ou expressions suivants :
> – **contrairement à** + nom
> – **or, mais, malheureusement, alors que,**
> **par contre, tandis que, en revanche, au lieu de** (+ nom ou + verbe à l'infinitif).

2. LES EXPRESSIONS IMPERSONNELLES

Pour exprimer l'opinion.

– **Il est inadmissible de** conseiller des marques aussi peu fiables. – **Il est anormal de** ne pas faire un échange.	– **Il est inadmissible que** vous conseilliez des marques aussi peu fiables. – **Il est inacceptable qu'**un appareil de ce prix tombe si vite en panne. – **Il est anormal que** vous ne fassiez pas un échange.
Il est + adjectif + de + verbe à l'infinitif quand le sujet du 2ᵉ verbe **n'est pas exprimé**.	**Il est + adjectif + que + verbe au subjonctif** quand le sujet du 2ᵉ verbe **est exprimé**.

3. NE ... QUE / SEULEMENT

Pour exprimer une restriction.

Le délai **n'**est **que** de 15 jours. Je **n'**ai utilisé l'appareil **qu'**une fois.	Le délai est **seulement** de 15 jours. J'ai utilisé l'appareil **seulement** une fois.
Ne + verbe + que.	Verbe + **seulement**.

4. L'EXPRESSION DU BUT

Pour exprimer la finalité d'une action.

– Nous avons informé notre fournisseur **afin d'analyser** le problème. – Nous vous invitons à vous rendre dans votre magasin **pour recevoir** un bon d'achat. – **Nous cherchons** toujours **à satisfaire** notre clientèle.	– **Afin que vous puissiez** mieux juger de la qualité de nos produits... – Nous ferons notre possible **pour qu'**un tel **incident** ne se **reproduise** pas.
– **Afin de...** – **Pour...** ⟶ + verbe à l'**infinitif**. – **Chercher à...**	**Afin que** ⟶ + verbe au **subjonctif**. **Pour que**
Le sujet de l'action et le sujet de la phrase exprimant le but **sont les mêmes**.	Le sujet de l'action et le sujet de la phrase exprimant le but **sont différents**.

5. LES DOUBLES PRONOMS

Pour éviter les répétitions.

J'ai retourné **les accessoires aux personnes de la société**.	→ Je **les leur** ai retournés.
Pour obliger **les personnes de la société** à répondre.	→ Pour **les y** obliger.
J'ai parlé **du bruit et de la poussière aux personnes de l'agence**.	→ Je **leur en** ai parlé.
Ils **se** refusaient **à nous mettre dans un autre hôtel**.	→ Ils **s'y** refusaient.
J'ai rapporté **la voiture au garagiste**.	→ Je **la lui** ai rapportée.
Il **m'**a facturé **l'expertise**.	→ Il **me l'**a facturée.

Quand une phrase contient deux pronoms compléments, ces pronoms se placent après le sujet, dans l'ordre suivant :

1	2	3	4	5
me / m'	le	lui	y	en
te / t'	la	leur		
se / s'	l'			
nous	les			
vous				

 À l'**impératif affirmatif**, l'ordre des pronoms **1** et **2** change.
Exemple : Vous nous les renvoyez. → Renvoyez **les-nous**.

Y et **EN** ne s'emploient jamais ensemble sauf dans :
Il **y en** a.

PRONONCEZ

Écoutez ces phrases. Répétez-les en exprimant la colère, la déception ou le refus. N'oubliez pas les intonations montantes et descendantes.

1. Je suis vraiment très déçue !
2. Il n'est pas question d'envoyer mon appareil photo en réparation.
3. C'est vraiment ennuyeux, cette situation.
4. C'est inadmissible que vous ne remboursiez pas !
5. Non ! Je ne suis pas d'accord.
6. Je veux parler à votre responsable.
7. Il est anormal que vous ne fassiez pas d'échange !

1. Il y a urgence !

Complétez ce courriel avec les expressions suivantes : *alors que, au lieu de, contrairement, en revanche, mais, malheureusement, or.* **Vous pouvez proposer plusieurs réponses.**

> Bonjour Emmanuelle,
>
> ... à ce qui se passe dans les autres services, il y a des problèmes d'approvisionnement dans le mien, ... j'ai fait toutes les commandes nécessaires.
>
> J'ai téléphoné à ton assistante, ... elle n'a rien fait et elle m'a dit d'attendre ... de relancer le fournisseur. Je suis furieux parce que nous devons imprimer tous nos prospectus ... nous n'avons plus d'encre. J'ai aussi besoin d'enveloppes grand format, ... je n'en ai plus assez.
>
> Il faut que tu trouves une solution parce qu'il y a urgence. Je ne suis pas au bureau ce matin, ... tu peux m'appeler sur mon portable si tu le souhaites.
>
> À très vite.
>
> Michel

2. Paroles de consommateurs

Formulez l'avis des consommateurs en vous aidant des éléments donnés.

1. Inadmissible / il n'y a pas suffisamment de caisses ouvertes quand il y a du monde dans le magasin.
2. Anormal / les clients sont obligés de faire la queue plus de dix minutes.
3. Inacceptable / des caissières ne disent pas bonjour aux clients.
4. Inadmissible / on ne peut pas payer avec une carte de crédit quand le montant est inférieur à dix euros.
5. Anormal / le magasin interdit l'accès aux animaux.
6. Inadmissible / nous trouvons des produits périmés dans les rayons.
7. Anormal / vous ne proposez pas de sacs en papier recyclé.

3. À propos de SAV

Réunissez les phrases en utilisant *afin de / pour* **ou** *afin que / pour que.*
Faites les transformations nécessaires.

1. Présentez la facture. Vous obtiendrez un remboursement.
2. Remplissez un bon de commande. Nous vous livrerons dans les meilleurs délais.
3. Nous avons besoin d'un peu de temps. Nous devons faire un diagnostic de la panne.
4. Présentez-leur votre bon de garantie. Ils effectueront la réparation gratuitement.
5. Nous vous prêtons une machine. Vous pourrez continuer à travailler.
6. Nous devons faire appel à un avocat. Il défendra notre affaire devant les tribunaux.

4. Tout est OK !

Complétez les phrases avec les pronoms compléments qui conviennent.

1. – Vous avez parlé de votre problème aux techniciens.
   – Mais oui, je ... ... ai parlé !
2. – Tu as expliqué la panne à la dame ?
   – Bien sûr que je ... ... ai expliquée !
3. – Tu as rapporté les produits défectueux au vendeur ?
   – Évidemment ! Je ... ... ai rapportés ce matin.
4. – L'employé du service après-vente t'a bien remis la facture ?
   – Bien sûr qu'il ... ... a remise.
5. – Vous avez obligé le directeur à vous donner des justificatifs ?
   – Eh oui ! Nous ... ... avons obligé.
6. – Ils t'ont assuré qu'ils me donneraient une garantie ?
   – Mais oui, ne t'inquiète pas. Ils m'ont assuré qu'ils ... ... donneraient une.

1. COMPRÉHENSION ÉCRITE

Encore des problèmes !
Cochez la bonne réponse.

Message téléphonique

De : *Société Mecanic*
À : *Établissements Ginex*

Objet : *Impossible de vous livrer demain matin votre commande de papier. Chaîne de production en panne. Pas de fabrication avant une semaine. Demande confirmation commande.*

1. La société *Mecanic* informe :
a) ❑ d'un problème technique.
b) ❑ d'une marchandise non conforme.
c) ❑ d'une confirmation de commande.
d) ❑ d'une commande de papier.

Extrait du bon de livraison

Reçu ce jour à *10* heures les marchandises.
Observations :
25 sacs livrés au lieu des 30 commandés.

Fait à : *Bruxelles*   le   *12 avril 20...*

Signature : *L. Hadj*

2. Le client a reçu :
a) ❑ des produits défectueux.
b) ❑ une quantité différente.
c) ❑ des articles de mauvaise qualité.
d) ❑ des marchandises livrées avec retard.

Extrait des conditions générales de vente

La livraison est gratuite pour une commande supérieure à 150 €.

Satisfait ou remboursé : vous pouvez retourner les articles qui ne vous conviennent pas, à vos frais, en bon état et dans leur emballage d'origine, dans un délai de 15 jours.

3. On rembourse :
a) ❑ la livraison.
b) ❑ l'emballage.
c) ❑ le produit.
d) ❑ les frais de retour.

2. COMPRÉHENSION ORALE

Au service des ventes.
Écoutez ces cinq personnes. Dites quelle est l'intention de chacune d'elles. Choisissez la bonne réponse dans la liste A à H et notez-la.

Personne 1 : ....
Personne 2 : ....
Personne 3 : ....
Personne 4 : ....
Personne 5 : ....

A. Indiquer des conditions de vente.
B. Proposer de l'aide.
C. Menacer d'une action en justice.
D. Expliquer les motifs d'une réclamation.
E. Proposer un arrangement.
F. Exprimer son irritation.
G. Expliquer un problème technique.
H. Présenter des excuses.

Comment présenter une lettre commerciale

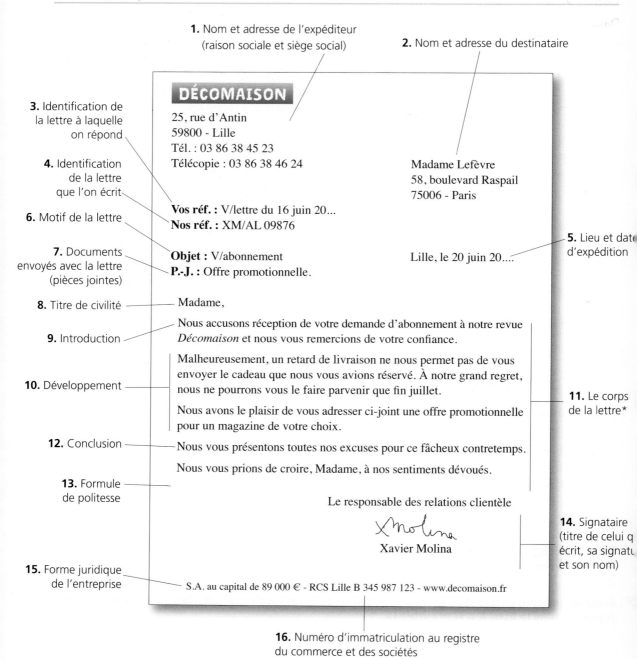

1. Nom et adresse de l'expéditeur (raison sociale et siège social)

2. Nom et adresse du destinataire

3. Identification de la lettre à laquelle on répond

4. Identification de la lettre que l'on écrit

6. Motif de la lettre

7. Documents envoyés avec la lettre (pièces jointes)

8. Titre de civilité

9. Introduction

10. Développement

12. Conclusion

13. Formule de politesse

15. Forme juridique de l'entreprise

5. Lieu et date d'expédition

11. Le corps de la lettre*

14. Signataire (titre de celui q[ui] écrit, sa signatu[re] et son nom)

16. Numéro d'immatriculation au registre du commerce et des sociétés

---

DÉCOMAISON

25, rue d'Antin
59800 - Lille
Tél. : 03 86 38 45 23
Télécopie : 03 86 38 46 24

Madame Lefèvre
58, boulevard Raspail
75006 - Paris

Vos réf. : V/lettre du 16 juin 20...
Nos réf. : XM/AL 09876

Objet : V/abonnement
P.-J. : Offre promotionnelle.

Lille, le 20 juin 20....

Madame,

Nous accusons réception de votre demande d'abonnement à notre revue *Décomaison* et nous vous remercions de votre confiance.

Malheureusement, un retard de livraison ne nous permet pas de vous envoyer le cadeau que nous vous avions réservé. À notre grand regret, nous ne pourrons vous le faire parvenir que fin juillet.

Nous avons le plaisir de vous adresser ci-joint une offre promotionnelle pour un magazine de votre choix.

Nous vous présentons toutes nos excuses pour ce fâcheux contretemps.

Nous vous prions de croire, Madame, à nos sentiments dévoués.

Le responsable des relations clientèle

Xavier Molina

S.A. au capital de 89 000 € - RCS Lille B 345 987 123 - www.decomaison.fr

---

* Deux présentations sont possibles pour le corps de la lettre : la présentation « à l'américaine », comme ici (les paragraphes sont alignés sur la gauche) ou la présentation « à la française », comme page 110 (le début de chaque paragraphe est en retrait).

Joindre le geste à la parole

Dans des situations d'irritation, voire d'agressivité, les Français ont tendance à joindre le geste à la parole. Ces attitudes sont impolies. Elles sont donc à éviter.

➤ **Pour ordonner à quelqu'un de se taire :**
« Ça suffit », « Tu la boucles », « Tais-toi »,
« La ferme ».

➤ **Pour dire à quelqu'un qu'il fait quelque chose de pas bien, de fou :**
« Ça ne va pas, non ! »

➤ **Pour exprimer l'agacement, l'impatience :**

➤ **Pour refuser une demande :**
« Des clous », « Tu peux toujours courir ».

➤ **Pour exprimer la lassitude :**
« Y en a marre », « La barbe ».

➤ **Pour dire à quelqu'un de partir :**
« Va-t-en ! », « Dégage ».

>>> CAS PRATIQUE >>> CAS PRATIQUE >>>

> Et vous, dans votre pays, est-ce qu'il y a des gestes qui traduisent l'irritation ou l'agressivité ? Dans la vie courante, quels gestes sont à éviter ?

> Dites quels gestes sont courants ?
> Quelle est leur signification dans votre culture ? Donnez des conseils à votre groupe.

UNITÉ 8 ON EN PARLE DANS LES MÉDIAS

Vous allez vous entraîner à :
- faire remarquer un retard / la présence ou l'absence de personnes à une réunion
- commencer / clore une réunion
- inviter à s'exprimer / donner un avis / une suggestion
- faire des propositions
- réagir positivement à une proposition / une opinion
- exprimer votre intérêt
- féliciter
- exprimer votre satisfaction
- parler de commerce et de problèmes économiques
- proposer des solutions
- indiquer l'origine d'une information
- rapporter une information non confirmée

Vous allez utiliser :
- la phrase nominale
- la mise en relief avec *ce qui / ce que..., c'est / ce sont...*
- la forme (voix) passive
- le conditionnel passé

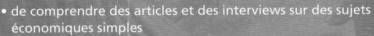
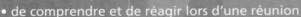

Pour être capable :
- de comprendre et de réagir lors d'une réunion
- de comprendre des articles et des interviews sur des sujets économiques simples
- de collaborer à l'élaboration d'un dossier / d'un journal d'entreprise
- de rédiger une lettre / un courriel pour donner votre avis

B1

A À la une

1. ÉCOUTEZ LE DIALOGUE

 Marc : Ah, Stéphanie, on vous attendait. Tout le monde est là ?

Julia : Non, il manque Sylvia. Elle ne peut pas venir à cette réunion parce qu'elle est en déplacement.

Marc : Très bien. Alors, on peut commencer. Comme vous le savez, aujourd'hui, nous devons nous mettre d'accord sur le sommaire du journal d'entreprise du numéro de mai. Quelles sont vos propositions ?

Michel : Pour la rubrique *International*, je peux rédiger un article sur notre nouvelle activité qui a démarré aux États-Unis et on pourrait mettre un ou deux extraits d'interviews des collaborateurs qui sont sur ce projet.

Marc : C'est une excellente idée. Tout le monde est d'accord ?

(Les uns après les autres : – oui, c'est bien, c'est parfait.)

Marc : Qui s'occupe des brèves cette fois-ci ? Stéphanie ?

Stéphanie : D'accord. Moi, je suggère de parler du forum annuel sur la santé et la sécurité, et de l'audit de renouvellement de certification ISO 14001. J'ai aussi pensé à nos actions de communication du mois avec le parrainage du bateau de Luc Biron.

Marc : Oui, c'est pas mal. Quelqu'un a autre chose à proposer ?

Michel : On pourrait aussi faire un petit encart sur le pot de départ de Pierre Drancy.

Stéphanie : Bonne idée, je n'y avais pas pensé. Et pour le dossier, on fait quoi ? Vous avez des suggestions ?

Julia : En fait, j'en ai parlé avec Sylvia et elle propose de faire un dossier sur la gestion du stress. Qu'en pensez-vous ?

Michel : C'est un sujet à la mode, alors pourquoi pas ?

Marc : Je suis d'accord, moi aussi. Il reste la rubrique *Chiffres du mois*. Tu la prends en charge Michel ?

Michel : Entendu.

Marc : Je crois qu'on a fait le tour, alors c'est tout pour aujourd'hui. Je vous envoie un mail pour fixer une date pour notre prochaine réunion. Au revoir.

2. VÉRIFIEZ VOTRE COMPRÉHENSION

1. Complétez le mémo.

> Objet de la réunion : ....
>
> ....
>
> Nombre de participants : ....
>
> Nombre d'absents : ....

2. Parmi les titres suivants, cochez ceux qui correspondent aux points abordés pendant la réunion. Placez-les dans le sommaire, à la rubrique qui convient. (On peut avoir plusieurs titres dans une même rubrique.)

1. ❑ Au revoir Pierre !
2. ❑ Développement au Maghreb.
3. ❑ Forum mensuel des entrepreneurs.
4. ❑ Lancement de la démarche de certification.
5. ❑ Comment gérer le stress au bureau.
6. ❑ Mise en place des services en ligne.
7. ❑ Santé et sécurité à l'affiche.
8. ❑ Sponsoriser pour communiquer.
9. ❑ Quelles propositions pour l'avenir ?
10. ❑ Démarrage réussi au Texas.
11. ❑ Nouvel équipement pour la sécurité.
12. ❑ Fermeture définitive du site de Turin.

AGIR   *Journal d'entreprise*
            N° 43 - Mai 20...

Au sommaire

p. 1 Éditorial   p. 10 Recherche
....
p. 2 Brèves   p. 12 Chiffres du mois
....
p. 4 Innovations   p. 14 Dossier
....
p. 6 International   p. 18 Rencontres
....

---

3. RETENEZ

Pour signifier un retard / une absence / la présence :
On vous attendait.
Tout le monde est là ? / Il manque...

Pour faire des propositions :
Je peux... / J'ai pensé à...
Je suggère / propose de...

Pour commencer une réunion :
On peut commencer.

Aujourd'hui, nous devons ⟨ nous mettre d'accord sur...
                          discuter de / parler de...
                          aborder le problème de...

Pour clore une réunion :
➤ On a fait le tour (?).
C'est tout pour aujourd'hui (?).

Pour réagir positivement à une proposition / une opinion :
C'est une excellente idée.
Ce n'est pas mal !
C'est bien !
C'est parfait !
Bonne idée, je n'y avais pas pensé.
Pourquoi pas ?

Pour inviter à s'exprimer / donner un avis / une suggestion :
Tout le monde est d'accord ?
Quelles sont vos propositions / suggestions ?
Vous avez des suggestions ?
Quelqu'un à autre chose / quelque chose à proposer / à suggérer / à dire ?
Et pour… on fait quoi ?
Qu'en pensez-vous ?

❝ LE VOCABULAIRE

article (n. m.)
audit (n. m.)
brève (n. f.)
certification (n. f.)
démarrage (n. m.)
éditorial (n. m.)
éditorial(e) (adj.)
encart (n. m.)

extrait (n. m.)
numéro (n. m.)
parrainage (n. m.)
renouvellement (n. m.)
rubrique (n. f.)
sommaire (n. m.)
sujet (n. m.)
❞

---

4. COMMUNIQUEZ

Remue-méninges.
Vous participez à la rédaction du prochain numéro du journal de votre entreprise. Réunissez-vous avec quatre autres collègues.

1. Trouvez des idées d'articles, puis rédigez le sommaire.

2. Rédigez deux petits articles pour la rubrique « Brèves ».

B Vous avez la parole

1. LISEZ LES DOCUMENTS

FORUM DES LECTEURS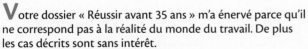

Votre dossier « Réussir avant 35 ans » m'a énervé parce qu'il ne correspond pas à la réalité du monde du travail. De plus les cas décrits sont sans intérêt.
En revanche, je tenais à vous féliciter pour votre article sur les réflexes écolos à acquérir au bureau.
Ces bonnes initiatives sont malheureusement trop rares en entreprise et, ce qui est révoltant, c'est l'indifférence des responsables des services alors que les salariés font des efforts.
Fabrice M. (*Bordeaux*)

Dans le numéro 153, j'ai trouvé très intéressant le dossier sur l'art de négocier. Les fiches sont remarquables et j'ai été impressionné par la clarté des exemples donnés et l'excellente analyse que vous en faites.
Félicitations pour vos articles. Ce que j'apprécie vraiment dans votre magazine, c'est la diversité des sujets abordés, mais je trouve que la rubrique consacrée aux nouvelles technologies est beaucoup trop superficielle.
Ahmed (*Marseille*)

Contrairement à d'autres magazines, vous abordez des domaines très variés et je vous en félicite !
J'ai lu avec intérêt votre article sur les rangements au bureau dans votre numéro de mars. Votre manière de présenter les choses m'a amusée et m'a donné à réfléchir. Ce qui m'a surtout plu ce sont vos conseils et vos trucs que j'ai appliqués tout de suite et qui sont efficaces. Bravo !
Solène Hervieu (*Valence*)

Votre article « Travailler avec des seniors » a retenu mon attention. Je suis coach et ce que votre article démontre est tout à fait réaliste.
En revanche, j'ai trouvé le dossier « Réussir avant 35 ans » inadapté, car les managers cités ne représentent qu'une petite minorité.
Cela donne une fausse image du monde du travail actuel.
Bénédicte S. (*Paris*)

2. VÉRIFIEZ VOTRE COMPRÉHENSION

Relevez les rubriques, dossiers ou articles cités et indiquez la satisfaction de chaque lecteur en cochant la bonne colonne.

Enquête de satisfaction

Lecteur	Thèmes des rubriques, articles ou dossiers	☺	☹
Fabrice			
Solène			
Ahmed			
Bénédicte			

3. RETENEZ

Pour dire son intérêt :
J'ai lu avec intérêt votre article sur...
Votre article a retenu mon attention.
Votre manière de présenter les choses m'a amusé(e) et m'a donné à réfléchir.
Ce qui m'a surtout plu ce sont...
J'ai trouvé le dossier très intéressant / remarquable.
J'ai été impressionné(e) par...

❝❝ LE VOCABULAIRE
clarté (n. f.)
diversité (n. f.)
efficace (adj.)
énerver (v.)
indifférence (n. f.)
initiative (n. f.)
remarquable (adj.)
révoltant (adj.)
truc (n. m.) **❞❞**

Pour féliciter :
Je tenais à vous féliciter (pour...)
Vous abordez des sujets variés et je vous en félicite !
Bravo (pour...) !
Félicitations (pour...).

Pour critiquer :
L'article / le thème **ne correspond pas à**...
Les cas décrits **sont sans intérêt / inintéressants**.
La rubrique est **trop superficielle**.
Le dossier est **inadapté**.
Cela **donne une fausse image de**...

4. COMMUNIQUEZ

1. Parole de lecteur.
Vous avez lu deux des articles correspondant aux titres ci-dessous. Écrivez au magazine pour le courrier des lecteurs.

Les règles d'or d'une bonne publicité

Un réseau intranet dans votre entreprise

Javot : un génie de la finance

LE VRAI RÔLE DU DRH

Bonnes idées pour créer son entreprise

Recrutement : les questions à ne pas poser à un candidat

2. Compte rendu.
Vous êtes allé(e) à une conférence avec différents intervenants.
Vous en parlez avec un(e) collègue. Jouez la situation à deux.

Rôle 1
Vous
Vous devez :
➤ dire ce qui vous a intéressé,
➤ critiquer la présentation d'un des intervenants.

Rôle 2
Le / la collègue
Vous devez :
➤ poser des questions pour avoir des précisions.

C Un entretien exclusif

1. ÉCOUTEZ LE DIALOGUE

 La journaliste : Martin Dufils, bonjour. Vous avez été nommé il y a deux ans pour reprendre la direction de la chaîne de magasins *Mimosa*. Depuis, cette chaîne de parfumerie rencontre un vrai succès.

Martin Dufils : C'est vrai, mais quand je suis arrivé, la situation était catastrophique. Les magasins étaient souvent en rupture de stock parce que les plate-formes qui livraient les boutiques avaient été fermées.

La journaliste : Comment se faisait l'approvisionnement, alors ?

Martin Dufils : C'est un prestataire extérieur qui s'en chargeait, mais il était incompétent.

La journaliste : Il y a dû y avoir un impact sur votre chiffre d'affaires ?

Martin Dufils : Malheureusement, oui. La clientèle était mécontente et commençait à aller chez nos concurrents. Nous avons enregistré 30 millions de pertes cette année-là.

La journaliste : Comment avez-vous fait pour redresser la situation ?

Martin Dufils : Nous avons dû changer toute l'équipe de direction, et puis nous avons réglé les problèmes un par un, en commençant par le problème de logistique.

La journaliste : La clientèle est revenue ?

Martin Dufils : Heureusement, oui. Et tout cela en partie parce qu'un nouveau concept a été adopté par le siège pour chacune de nos boutiques.

La journaliste : Quel est ce nouveau concept ?

Martin Dufils : Et bien, on a maintenant un nouveau décor, plus moderne, avec un mobilier plus pratique. Les boutiques sont plus aérées et dans des couleurs douces, et puis un programme de professionnalisation des équipes de vendeurs a été mis en place.

La journaliste : Cela suffit pour faire face à la concurrence ?

Martin Dufils : Hélas, non. Nous devons encore améliorer notre offre. Pour cela, des contrats d'exclusivité viennent d'être négociés avec des marques de cosmétiques pour des produits destinés à la clientèle masculine. Ces produits seront bientôt commercialisés.

La journaliste : Vous n'avez jamais pensé à proposer vos propres produits ?

Martin Dufils : Si, justement. Une nouvelle gamme de maquillage va être lancée le mois prochain et nous espérons qu'elle plaira à nos clientes.

2. VÉRIFIEZ VOTRE COMPRÉHENSION

Trouvez les erreurs dans l'article que la journaliste a écrit suite à l'interview.

Quand Martin Dufils est arrivé à la tête de *Mimosa*, il y a trois ans, la chaîne rencontrait de graves problèmes : problèmes d'approvisionnement, salariés mécontents, fermetures de boutiques...

Pour redresser la situation, ce directeur a gardé la même équipe, mais il a changé les concepts des boutiques. Aujourd'hui, leur décor est plus simple, et elles sont plus aérées et dans des couleurs vives.

La direction a également mis en place un programme de formation des chefs de magasins.

Afin d'améliorer l'offre, l'enseigne a négocié avec des marques de cosmétiques pour proposer des produits destinés aux jeunes. Ils sont en vente depuis le mois dernier. Par ailleurs, la chaîne va bientôt lancer une nouvelle gamme de soins pour le corps portant la marque *Mimosa*.

Martin Dufils est très optimiste et espère que ces produits plairont.

3. RETENEZ

Pour parler de problèmes économiques :
La situation est / était catastrophique.
Les magasins sont / étaient en rupture de stock.
Les plate-formes ont été fermées.
Le prestataire est / était incompétent.
La clientèle est / était mécontente.
Le chiffre d'affaires a baissé.
Nous avons enregistré 30 millions de pertes.

Pour renforcer une réponse positive ou négative :
C'est vrai, mais...
Malheureusement, oui / non.
Hélas, oui / non.
Si / non, justement.
Heureusement, oui / non.

Pour décrire des solutions :
Nous avons **dû changer**...
Nous avons **réglé les problèmes** un par un.
Un nouveau concept **a été adopté**.
Un programme de professionnalisation **a été mis en place**.
Des contrats d'exclusivité **viennent d'être négociés**.
Une nouvelle gamme de produits **va bientôt être lancée**.

> Voir les outils linguistiques de l'unité 8, page 130.

❝❝ LE VOCABULAIRE
approvisionnement (n. m.)
chaîne (n. f.)
exclusivité (n. f.)
logistique (n. f.)
plate-forme (n. f.)
prestataire (n. m.)
rupture (de stock) (n. f.) **❞❞**

4. COMMUNIQUEZ

1. Rétablissement de situation.
Vous avez eu des problèmes dans votre service, mais la situation a pu être rétablie et maintenant tout va bien. Faites un petit compte rendu oral à votre direction pour l'informer. Jouez la situation à deux.

2. Un fait divers.
Un incident s'est produit dans votre entreprise (une panne, une fuite, un petit accident du travail...).
Vous rédigez un bref article pour le journal de votre entreprise.

D On dit...

1. LISEZ LE DOCUMENT

INDISCRÉTIONS

Selon le site *nouvelles.com*, il y aurait du changement à la direction générale de la *Banque d'Europe*. Le directeur financier Jean-Marc Nelet aurait démissionné suite à sa mésentente avec le PDG, Philippe Chauvin.

Des informations à prendre avec prudence puisqu'il y a quelques semaines, d'autres sources indiquaient que les deux hommes travaillaient en parfaite collaboration.

❖

D'après certaines de nos sources, des rumeurs indiquent que l'opérateur de téléphone *Blue* aurait négocié le rachat du fournisseur d'accès à Internet, *Nathalie*.

Blue aurait déboursé 750 millions d'euros pour acquérir le quatrième fournisseur d'accès à Internet.

Blue reprendrait donc sa place de numéro deux, derrière le fournisseur *Mega*, en nombre d'abonnés, et retrouverait ainsi 27,7 % de parts de marché.

M. J.-M. Nelet et M. P. Chauvin en avril dernier.

La pyramide du Louvre à Paris.

Selon les informations du quotidien *France-Journal*, le PDG de *Naxis* serait venu en France et aurait obtenu l'autorisation d'ouvrir la première boutique de la marque en France, au Carrousel du Louvre à Paris.

C'est donc une boutique de 400 m², qui ouvrirait ses portes dans les mois à venir. Si l'information est confirmée, les consommateurs auront à leur disposition un lieu où la marque montrera tout son savoir-faire et exposera ses produits les plus spectaculaires.

22 COURRIER PRO - N° 691

2. VÉRIFIEZ VOTRE COMPRÉHENSION

1. Cochez la bonne réponse.

Article 1 (*Banque d'Europe*).
Il s'agit d'informations concernant :
a) ❑ un changement de poste.
b) ❑ un licenciement.
c) ❑ un départ.

Article 2 (*Blue*).
Il s'agit d'une information :
a) ❑ économique.
b) ❑ scientifique.
c) ❑ politique.

Article 3 (*Naxis*).
Il s'agit :
a) ❑ du lancement d'une marque.
b) ❑ de l'ouverture d'un commerce.
c) ❑ de la rénovation d'un magasin.

2. Trouvez un titre pour chacun des articles.

3. RETENEZ

> **66 LE VOCABULAIRE**
> abonné (n. m.)
> collaboration (n. f.)
> démissionner (v.)
> fournisseur (d'accès) (n. m.)
> mésentente (n. f.)
> opérateur (n. m.)
> rumeur (n. f.) **99**

Pour indiquer l'origine d'une information :
Selon le site *nouvelles.com*...
... indique / indiquait que...
D'après certaines de nos sources...

Pour parler de commerce :
Entrer en négociation / négocier.
Débourser une somme.
Acquérir un produit.
Retrouver / acquérir des parts de marché.
Racheter une société / le rachat d'une société.

Pour rapporter une information non confirmée :
Ce sont des informations à prendre avec prudence / précaution / des pincettes.
Des rumeurs **semblent** indiquer que...
Il paraît que... / **On dit que**... (oral).
Naxis **aurait obtenu** l'autorisation d'ouvrir la première boutique de la marque...
Blue **reprendrait** donc sa place de numéro deux.

> Voir les outils linguistiques de l'unité 8, page 131.

4. COMMUNIQUEZ

1. Top secret !
Vous êtes au courant d'une information intéressante. Communiquez-la à un(e) collègue qui vous pose quelques questions pour en savoir plus. Jouez la situation à deux.

Rôle 1
Vous
Vous devez :
➢ rapporter une information avec prudence.

Rôle 2
Le / la collègue
Vous devez :
➢ poser des questions pour en savoir plus.

2. J'ai des infos.
Vous avez des informations concernant le rachat ou la réorganisation de votre entreprise. Rédigez un mail à un(e) collègue pour l'en informer.

1. LA PHRASE NOMINALE

Pour mettre une action en valeur et créer des titres.

Phrase complète	Phrase nominale
– Une démarche de certification a été **lancée**.	– **Lancement** de la démarche de certification.
– Le projet a bien **démarré** au Texas.	– **Démarrage** réussi au Texas.
– Des services en ligne vont être **mis** en place.	– **Mise** en place des services en ligne.
– Le site de Turin sera **fermé** définitivement.	– **Fermeture** définitive du site de Turin.
Le verbe principal de la phrase complète est **transformé en nom** dans la phrase nominale.	

⚠ Les noms en **-MENT** et en **-AGE** sont toujours au masculin.
Les noms en **-TION** et en **-URE** sont toujours au féminin.

2. CE QUI / CE QUE... C'EST / CE SONT...

Pour insister.

Sans mise en valeur	Avec mise en valeur
– L'indifférence des responsables des services est révoltante.	– **Ce qui** est révoltant, **c'est** l'indifférence des responsables des services.
– Vos conseils m'ont plu.	– **Ce qui** m'a plu, **ce sont** vos conseils.
– J'apprécie vraiment la diversité des sujets abordés.	– **Ce que** j'apprécie vraiment, **c'est** la diversité des sujets abordés.
Aucun élément de la phrase n'est **mis en valeur**.	**Un élément** de la phrase est **mis en valeur**. ⚠ Dans **ce qui** ou **ce que**, **ce** représente une chose (pas une personne). **Ce qui** est **sujet** du verbe qui suit. **Ce que** est **complément** du verbe qui suit.

3. LA FORME (VOIX) PASSIVE

Pour mettre une information en relief.

Forme (voix) active	Forme (voix) passive
– On **avait fermé** les plate-formes.	– Les plate-formes **avaient été fermées**.
– Le siège **a adopté** un nouveau concept.	– Un nouveau concept **a été adopté** par le siège.
– On **a mis** un programme de professionnalisation en place.	– Un programme de professionnalisation **a été mis** en place.
– On **vient de** négocier des contrats d'exclusivité.	– Des contrats d'exclusivité **viennent d'être** négociés.
– On **commercialisera** ces produits.	– Ces produits **seront commercialisés**.
À la forme active, **l'auteur de l'action** (le sujet) est mis en avant.	À la forme passive, **ce qui** ou **celui qui subit l'action** est **mis en avant**. Il devient sujet. Formation de la **forme passive** : auxiliaire **être** + **participe passé** du verbe. • C'est **l'auxiliaire être** qui prend le temps (le mode) de la phrase. • Si on veut préciser l'auteur de l'action on utilise **PAR**.

4. LE CONDITIONNEL PASSÉ

Pour indiquer une information incertaine.

Événement passé	Événement passé non confirmé
L'opérateur **a / avait négocié** le rachat. Il **a / avait déboursé** 750 millions d'euros. Le PDG **est / était venu** en France.	L'opérateur **aurait négocié** le rachat. Il **aurait déboursé** 750 millions d'euros. Le PDG **serait venu** en France.

Utilisation d'**un temps du passé** (passé composé, plus-que-parfait).	Utilisation du **conditionnel passé**.
	Formation :
	    être ou **avoir** + verbe
	    ↓ ↓
	  conditionnel présent participe passé

⚠ Si l'information non confirmée est au présent ou au futur on utilisera le conditionnel présent.
Exemple : Le PDG de *Naxis* **est** en France actuellement.
           Le PDG de *Naxis* **serait** en France actuellement.

PRONONCEZ

L'enchaînement vocalique.

1. Écoutez les énoncés et marquez les enchaînements vocaliques (les sons de voyelles qui se suivent) dans ces groupes de mots. Ensuite, répétez-les.

Exemple : Un résultat important.

1. Il faut le féliciter et le remercier.

2. Le PDG a obtenu une augmentation.

3. J'y ai aussi pensé.

4. Quelqu'un a autre chose à ajouter ?

2. Dans cet entretien, indiquez les enchaînements vocaliques, comme dans la première phrase. Puis, écoutez pour vérifier vos réponses.

La journaliste : Vous avez été nommé pour remonter l'entreprise et la direction attend beaucoup de vous.

Le PDG : En effet, au début, la situation était catastrophique. Les magasins étaient souvent en rupture de stock.

La journaliste : Comment avez-vous fait pour redresser la situation ?

Le PDG : Nous avons changé l'équipe de direction. Puis, nous avons approché les problèmes un par un en commençant par la logistique.

La journaliste : Qu'en est-il maintenant ? Les clients ont été séduits ?

Le PDG : Heureusement, oui ! Un nouveau concept a été adopté pour chacune de nos boutiques. Puis, toute notre équipe de vendeurs a suivi un programme de professionnalisation.

Jouez le dialogue entre la journaliste et le nouveau PDG.

1. Titres accrocheurs

Transformez les verbes pour compléter les annonces. Utilisez la nominalisation.

1. Partager	3. Prendre	5. Investir, rénover	7. Élaborer	9. Inaugurer
2. Commercialiser	4. Augmenter	6. Changer	8. Ouvrir	10. Mettre

1. ... des bénéfices entre les actionnaires du groupe.

2. Prochaine ... d'un photocopieur ultra-performant.

5 ... important dans la ... des bureaux.

3. ... de position du directeur financier dans l'affaire *Pessac*.

4. Nouvelle ...du prix de l'essence.

6. ... de direction à la tête de l'entreprise *SUFRAN*.

8. ... des négociations salariales.

7. ... d'un nouveau projet d'entreprise.

9. ... du Salon de l'automobile.

10. ... au point d'un nouveau médicament contre le paludisme.

2. Avis des collaborateurs

Complétez les énoncés avec *ce qui / ce que...* ou *c'est / ce sont.*

1. ... m'énerve, ... le comportement des dirigeants.
2. ... nous intéresse le plus, ... les nouvelles technologies.
3. ... je trouve inacceptable, ... leur façon de négocier.
4. ... les salariés demandent, ... d'abord de bonnes conditions de travail.
5. ... me surprend, ... la réaction de mes collaborateurs.
6. ... nos concurrents proposent, ... des produits bon marché.
7. ... je découvre, ... l'incompétence de ma directrice.
8. ... nous révolte, ... les dernières déclarations du PDG.

3. Bonnes nouvelles !

Utilisez la forme passive pour rendre les informations plus attractives.

1. On a remplacé le directeur.
2. On redéfinira les postes.
3. On engagera de nouveaux collaborateurs.
4. On va changer le nom de l'entreprise.
5. On va rénover les bureaux.
6. On ouvrira une cantine.
7. On est en train d'installer de nouveaux ordinateurs.
8. On vient de repeindre la salle de réunion.
9. On a commandé de nouvelles voitures de fonction.
10. On offre des places de cinéma aux employés.

4. Rumeurs folles

Les informations suivantes n'ont pas été confirmées. Transformez les énoncés en utilisant le conditionnel présent ou passé.

1. Nos clients acceptent de payer plus cher.
2. Les syndicats ont obtenu un mois de congés supplémentaire.
3. La direction est d'accord pour doubler tous les salaires.
4. Les délégués du personnel se sont réunis hier pour organiser nos vacances.
5. Le comité de direction envisage de réduire le temps de travail.
6. Notre principal concurrent a accepté de nous donner leurs secrets de fabrication.
7. On a de nouveau la possibilité de fumer dans les bureaux.
8. La DRH s'est mariée avec le directeur financier.

1. COMPRÉHENSION ÉCRITE

Revue de presse.

Lisez chaque extrait de journal et faites correspondre au titre qui convient.

TITRES	EXTRAITS
1. Les femmes gagneraient plus	a) Longtemps considéré dans l'entreprise comme une activité de loisirs, il apporte progressivement ses valeurs et délivre un message simple à l'entreprise : ce n'est pas le succès qui est l'objectif, mais le « bien jouer ».
2. Mauvais résultats	b) Le groupe *Oxygène* va racheter la société de fabrication de composants électroniques *Électra* qui avait eu des difficultés financières ces dernières années. Selon des rumeurs, le groupe serait en train de négocier le rachat d'une autre société à l'étranger pour être le leader dans le domaine de la technologie.
3. Nouvelles acquisitions	c) Bravo pour votre dossier sur les personnalités difficiles ! J'ai reconnu tous mes collaborateurs dans les portraits que vous faites et vos conseils pour pouvoir travailler avec ce type de personne sont vraiment très intéressants. La prochaine fois, je vous suggère de faire un dossier sur les chefs incompétents !
4. Le management peut-il s'inspirer du sport ?	d) Rien ne va plus pour les magasins *JMH*. En effet, la situation est catastrophique et le chiffre d'affaires a baissé. La chaîne a enregistré 60 millions de pertes cette année. La direction envisage la fermeture des magasins dont la situation est la plus critique. Le groupe *Viva* serait intéressé par le rachat de l'enseigne.
5. Les indésirables	e) Selon un expert américain, entre 40 et 64 ans, elles toucheraient 10 % de plus que leurs homologues masculins du même âge et sans enfant. On se demande alors comment cela est possible. Seraient-elles « naturellement », à cet âge, plus consciencieuses ou plus brillantes ?

2. COMPRÉHENSION ORALE

Que d'erreurs !

Écoutez le dialogue et corrigez les huit erreurs commises dans le compte rendu.

N° 102	**COMPTE RENDU de RÉUNION** Date : 25 mai 20…
	Participants : Laure Denisot – Didier Lafronde – Patricia Sibrac – Julie Vernier.

Points abordés :

1. Indicateurs	– Beaucoup d'inscriptions en janvier. – Mise en place de nouveaux cours de spécialité. – Diminution du nombre d'étudiants dans les ateliers.

2. Quatre groupes de travail	– « Création de matériel » piloté par Noura.
	– « Expérimentation de nouvelles méthodes » piloté par Jean-Michel.
	– « Recherche de nouveaux clients » piloté par Didier.
	– « Développement des cours en entreprise » piloté par Sophie.
	  → Il faut trouver des partenaires,
	  → Il serait intéressant de faire une enquête auprès des entreprises pour connaître les besoins.

3. Missions	– Trois demandes de missions importantes en mai. – Pas de formateur disponible pour Bruxelles. – Contacter Delphine pour les contrats des stagiaires.

Prochaine réunion : date à fixer.

La réunion : une exception française ?

Si le quart d'heure de retard est toléré en France, comme en Espagne ou en Italie, dans les pays anglo-saxons, comme en Allemagne, la ponctualité est respectée. Les Japonais arrivent toujours en avance.

À chacun sa méthode

• En France, la réunion est un lieu d'échanges d'informations. Il n'est pas rare qu'elle serve à informer et à coordonner, à la suite d'une décision prise ailleurs.

• Pour les Anglo-Saxons, c'est un lieu de prise de décision et en Asie c'est davantage un lieu d'observation des interlocuteurs.

• Aux Pays-Bas, ou encore en Grande-Bretagne, les participants peuvent se montrer critiques envers le patron. Orientées vers les résultats, ces réunions sont les plus efficaces.

• Moins structurées dans les pays latins, les réunions peuvent être plus créatives.

En France, l'ordre du jour est précis et communiqué à l'avance, ce qui permet aux participants de le modifier. Il est respecté pendant la réunion. Un compte rendu est distribué très rapidement après la réunion, pour responsabiliser les participants sur les actions à mener, et ne pas retarder l'exécution des décisions prises.

> **Quelles sont les pratiques en matière de réunion dans votre entreprise, dans votre pays ? Est-ce que les réunions sont nombreuses ? Quels en sont les objectifs ? Comment se passent-elles ?**

>>> CAS PRATIQUE >>> CAS PRATIQUE >>> CAS PRATIQUE >>>

Le temps c'est de l'argent : dix conseils pour faire court et être efficace en réunion.
 1. Se demander si la réunion est indispensable.
 2. Bien choisir les participants.
 3. Préparer la réunion : envoyer l'ordre du jour, préparer les documents.
 4. Rédiger un ordre du jour précis et s'y tenir.
 5. Commencer à l'heure.
 6. Laisser toutes les idées s'exprimer, mais minuter le temps de parole.
 7. Distribuer la parole.
 8. Mettre en commun les informations.
 9. Faire un rapide tour de table en fin de réunion.
10. Diffuser le compte rendu après la réunion.

> **Rédigez dix conseils pour un francophone qui doit participer à une réunion dans votre pays.**

Comment rédiger un compte rendu de réunion

Le compte rendu est un document de communication interne à l'entreprise : on rend compte d'une réunion ou d'un entretien. Le rédacteur raconte, décrit et résume. Il ne donne pas d'opinion personnelle.

① Nom de la société

② Titre et date du compte rendu

③ Objet du compte rendu

④ Noms (fonctions) des personnes présentes, absentes ou excusées

⑤ Pas de titre de civilité

⑥ Raconter les faits :
– par thème,
– ou par ordre chronologique en itant les interventions des participants.

⑦ Utiliser le présent

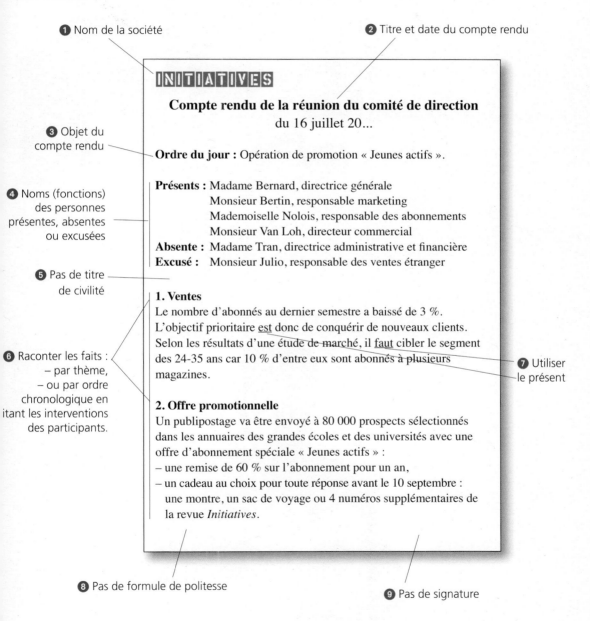

INITIATIVES

Compte rendu de la réunion du comité de direction
du 16 juillet 20...

Ordre du jour : Opération de promotion « Jeunes actifs ».

Présents : Madame Bernard, directrice générale
Monsieur Bertin, responsable marketing
Mademoiselle Nolois, responsable des abonnements
Monsieur Van Loh, directeur commercial
Absente : Madame Tran, directrice administrative et financière
Excusé : Monsieur Julio, responsable des ventes étranger

1. Ventes
Le nombre d'abonnés au dernier semestre a baissé de 3 %. L'objectif prioritaire est donc de conquérir de nouveaux clients. Selon les résultats d'une étude de marché, il faut cibler le segment des 24-35 ans car 10 % d'entre eux sont abonnés à plusieurs magazines.

2. Offre promotionnelle
Un publipostage va être envoyé à 80 000 prospects sélectionnés dans les annuaires des grandes écoles et des universités avec une offre d'abonnement spéciale « Jeunes actifs » :
– une remise de 60 % sur l'abonnement pour un an,
– un cadeau au choix pour toute réponse avant le 10 septembre : une montre, un sac de voyage ou 4 numéros supplémentaires de la revue *Initiatives*.

⑧ Pas de formule de politesse

⑨ Pas de signature

UNITÉ 9 ÇA SE DISCUTE

Vous allez vous entraîner à :
- préciser les raisons d'un conflit
- décrire les actions envisagées
- décrire la manière de procéder
- exprimer l'approbation
- apporter un jugement ou une certitude
- exprimer un doute
- exprimer une crainte
- donner un avis
- exprimer votre exaspération
- rapporter des paroles
- indiquer une conséquence illogique
- rassurer
- mettre en garde ou conseiller la vigilance
- donner des explications ou des exemples

Vous allez utiliser :
- le gérondif
- l'indicatif ou le subjonctif pour exprimer une opinion, un jugement, une certitude, un doute, une crainte
- le discours indirect passé
- l'expression de la concession

Pour être capable :
- d'échanger à propos d'un conflit social
- de participer à une discussion ou à un débat
- d'échanger à propos d'une démission
- de fournir des explications détaillées

A KMR en colère !

1. ÉCOUTEZ LE DIALOGUE

 Paul : J'ai vu ce tract en passant devant la société *KMR*, vous l'avez lu ?

Sylvie : Non. C'est à propos de quoi ?

Paul : Les salariés sont en grève.

Sylvie : Ah bon ! Pourquoi ?

Paul : Ils sont opposés à la stratégie économique de la direction et protestent contre la restructuration de l'entreprise. Ils réclament la démission du directeur.

Marco : S'il est incompétent, ils ont raison ! Mais dis-moi, cette entreprise a rencontré des problèmes financiers ?

Paul : Oui, avec la mondialisation, elle a perdu une bonne partie de son chiffre d'affaires, alors il y a eu des licenciements. C'est pour cela que les salariés sont en colère.

Sylvie : Je les comprends !

Paul : Moi aussi. À leur place je ferais la même chose.

Marco : L'activité est complètement arrêtée ?

Paul : Non, je ne crois pas. Il y a eu une assemblée générale des salariés et ils ont décidé de ralentir l'activité en organisant des débrayages, et puis une manifestation est prévue mercredi prochain.

Sylvie : J'aimerais bien savoir comment a réagi la direction ?

Paul : Elle a entamé des négociations avec les délégués syndicaux et les élus du personnel.

Sylvie : Et tu penses qu'ils vont pouvoir sortir de cette crise ?

Paul : Je ne sais pas, mais en ralentissant l'activité les salariés créent encore plus de problèmes, et ils peuvent aggraver la situation économique de l'entreprise.

Marco : C'est vrai, mais en négociant avec la direction, ils peuvent trouver un arrangement parce qu'il ne faudrait pas que ce conflit dure.

2. VÉRIFIEZ VOTRE COMPRÉHENSION ?

Retrouvez les informations essentielles et complétez le tableau.

Type de conflit	Protagonistes	Raisons du conflit + Revendication	Actions
…	…	…	…

3. RETENEZ

Pour parler d'un conflit social :
Les salariés sont en grève.
Ils sont opposés à...
Ils protestent contre...
Ils réclament...
Il y a eu une assemblée générale des salariés.
Ils ont décidé de ralentir l'activité...
Une manifestation est prévue.
La direction a entamé des négociations avec les délégués syndicaux et les élus du personnel.

Exprimer l'approbation :
Je les comprends.
Ils ont raison.
À leur place, je ferais la même chose.

Demander des explications :
C'est à propos de quoi ?
Mais dis-moi...
Pourquoi ?
J'aimerais bien savoir...

Expliquer la manière de procéder :
... ralentir l'activité **en organisant** des moments de débrayage.
En négociant avec la direction, ils peuvent trouver un arrangement.

> Voir les outils linguistiques de l'unité 9, page 146.

❝ LE VOCABULAIRE

aggraver (v.)
assemblée (n. f.)
bloquer (v.)
colère (n. f.)
crise (n. f.)
débrayage (n. m.)

démission (n. f.)
licenciement (n. m.)
manifestation (n. f.)
ralentir (v.)
restructuration (n. f.)
tract (n. m.) **❞**

4. COMMUNIQUEZ

1. Conflit social.
Des salariés sont en conflit avec la direction de leur entreprise ou encore l'administration.
Parlez-en dans un petit article pour le journal de votre entreprise.
Précisez les raisons du conflit, les actions menées
et ce qui est envisagé pour sortir de la crise.

2. Réunion d'entente.
Vous travaillez dans une petite entreprise.
Vos collègues et vous n'êtes pas satisfaits des conditions de travail.
Vous vous réunissez avant de rencontrer votre patron.
Faites le point sur :
– les raisons de votre mécontentement,
– vos revendications,
– les actions que vous envisagez si vous n'obtenez pas ce que vous souhaitez.
Mettez-vous en petits groupes et jouez la situation.

POUR UNE FOIS VOUS ÊTES TOUS D'ACCORD !

DU BEURRE
DES ÉPINARDS
des SOUS
DES RADIS
DU BLÉ

B Débat d'idées

1. LISEZ LE DOCUMENT

---

http://www.diapason.com

DIAPASON.COM
Le forum

SUJET : Êtes-vous pour ou contre le CV anonyme ?

page 1 > 3

Posté le 02 avril 15:20 Sandra57	Que vous inspire la possibilité d'envoyer un CV anonyme, c'est-à-dire sans nom, adresse, âge, sexe en en-tête, avec juste le numéro de téléphone ?
Posté le 10 avril 10:34 Missdab65	Je ne pense pas que ce soit très important de donner toutes ces informations lors d'un recrutement. Et puis, je suis sûre que les employeurs peuvent faire un choix plus objectif car ils ne sont pas influencés par l'origine, le sexe ou la condition sociale du candidat.
Posté le 11 avril 15:12 Lulu45	Je crains que ça ne change pas grand-chose. De toute façon, je trouve que ça ne sert à rien de se cacher puisque certaines informations peuvent passer dans la lettre de motivation. Et puis, je ne crois pas qu'on ait la possibilité de dissimuler ses origines pendant l'entretien aussi.
Posté le 11 avril 22:07 Salsa32	À mon avis, il y aura toujours de la discrimination dans le monde du recrutement et cela m'étonnerait que le CV anonyme modifie quelque chose. Les entreprises feront toujours ce qu'elles voudront et j'ai bien peur que la sélection se déplace tout simplement vers l'entretien d'embauche.
Posté le 15 avril 13:54 Mig21	Quelle démagogie ! Je doute que les CV anonymes fassent disparaître les problèmes de discrimination à l'embauche. Les recruteurs auront toujours les moyens de ne pas embaucher les personnes qu'ils ne veulent pas prendre pour des critères d'âge, de sexe ou d'origine.
Posté le 20 avril 11:29 Celi75	Moi, je pense que ce système peut être positif parce qu'on a au moins la possibilité d'obtenir un entretien. Le plus important c'est quand même l'entretien non ? En tout cas, moi j'approuve, mais je ne suis pas certaine que le gouvernement puisse imposer ça.

2. VÉRIFIEZ VOTRE COMPRÉHENSION ?

Faites la synthèse des arguments donnés en complétant les fiches.

Arguments pour

– Je ne pense pas que ce soit très important de donner toutes ces informations lors d'un recrutement.

– ....

– ....

Arguments contre

– Je trouve que ça ne sert à rien de se cacher.

– ....

– ....

3. RETENEZ

Pour apporter une opinion, un jugement ou une certitude :
Je trouve que...
À mon avis...
Moi, je pense que...
Je suis sûr(e) / certain(e) que...

Pour exprimer un doute :
Je ne crois pas que...
Je ne pense pas que...
Je ne suis pas certain(e) que...
Je doute que...
Cela m'étonnerait que...

Pour exprimer la crainte :
Je crains que...
J'ai bien peur que...

Pour relativiser l'importance de quelque chose :
Je ne pense pas que ce soit très important.
Ça ne change pas grand-chose.
Ça ne sert à rien.

> ❝ **LE VOCABULAIRE**
> démagogie (n. f.)
> discrimination (n. f.)
> dissimuler (v.)
> embauche (n. f.)
> embaucher (v.)
> entretien (d'embauche) (n. m.)
> lettre (de motivation) (n. f.)
> recrutement (n. m.)
> recruter (v.)
> recruteur (n. m.)
> se cacher (v.)
> sélection (n. f.) ❞

4. COMMUNIQUEZ

1. Forum.
Pour ou contre les bureaux paysagers *(open space)*.
Intéressé(e) par ce débat, vous témoignez dans ce forum. Donnez votre avis et exprimez vos doutes et vos craintes à propos de cette forme d'aménagement des bureaux.

2. Bonne ou mauvaise idée ?
Votre direction souhaite équiper chaque collaborateur de votre service d'un téléphone portable à usage strictement professionnel.
Mettez-vous par petits groupes et discutez du bien-fondé de cette décision.

C Je m'en vais

1. ÉCOUTEZ LE DIALOGUE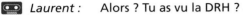

Laurent :	Alors ? Tu as vu la DRH ?
Marion :	Oui, ça y est, je lui ai annoncé que j'allais démissionner.
Laurent :	Quelle a été sa réaction ?
Marion :	Elle connaît les problèmes que j'ai rencontrés au sein de l'équipe, alors elle n'a pas été vraiment surprise.
Laurent :	Quels ont été tes arguments ?
Marion :	Je lui ai dit que le travail était intéressant et que j'avais vraiment apprécié tous les projets sur lesquels j'avais travaillé, mais que j'en avais assez de l'ambiance et du stress.
Laurent :	Tu pars dans quelles conditions ?
Marion :	En fait, il a fallu que je négocie un départ anticipé. Je lui ai expliqué que, comme je n'étais plus motivée, je ne souhaitais pas effectuer mon préavis.
Laurent :	Et elle a accepté ?
Marion :	Non, bien sûr !
Laurent :	C'est un peu normal, non ? Il n'y aura personne pour te remplacer.
Marion :	Je le sais, mais je ne supporte plus cette situation. Je lui ai promis que je trouverais des solutions pour mon remplacement, et que je finirais le dossier sur lequel je suis actuellement. Alors, finalement, on est arrivées à un accord : je ne fais qu'un mois de préavis, et ils me paieront des indemnités de départ pour les deux autres mois.
Laurent :	Génial, tu es contente j'espère ?
Marion :	De partir oui, mais j'ai postulé dans d'autres entreprises et je n'ai pas de réponse, et ça c'est stressant aussi !
Laurent :	Je te comprends mais bon, ne t'inquiète pas, tu vas trouver !
Marion :	Merci de ton soutien. Allez, je te laisse, il faut que je fasse ma lettre de démission.

2. VÉRIFIEZ VOTRE COMPRÉHENSION

Complétez la lettre de démission de la jeune femme.

Marion Duval
3, rue des Lampions
78990 - Élancourt

Madame Philippon
Directrice des ressources humaines
FIDUS S.A
14, rue de l'Abreuvoir
78000 - Versailles

Objet : ...

Madame la Directrice,
Dans l'entreprise depuis sept ans, je suis ... de mon emploi, mais je souhaite vous présenter ma ... pour les raisons suivantes.
Depuis plusieurs mois, j'ai des problèmes avec certains ... et l'ambiance est ... . Alors, je suis ... et ... .
Je sollicite de votre part la possibilité de ne pas ... ... et m'engage à ... ...
Je vous prie de bien vouloir agréer, Madame la Directrice, l'expression de mes sentiments les plus respectueux.

M. Duval
Marion Duval

3. RETENEZ

Pour indiquer son exaspération :
J'en ai assez !
Je ne supporte plus cette situation !
Je n'en peux plus !

Pour rapporter des paroles :
Je lui ai annoncé que...
Je lui ai dit que...
Je lui ai promis que...
Je lui ai assuré que...
Je lui ai expliqué que...

Pour exprimer de l'empathie :
Je te comprends.
Ne t'inquiète pas.

Pour parler d'une démission :
Démissionner.
Effectuer un préavis.
Négocier un départ anticipé.
Trouver des solutions pour le remplacement.
Recevoir / payer des indemnités de départ.
Rédiger une lettre de démission.
Postuler pour un autre poste.

❝ LE VOCABULAIRE

ambiance (n. f.)
anticipé(e) (adj.)
argument (n. m.)
motivé(e) (adj.)

postuler (v.)
préavis (n. m.)
soutien (n. m.)
❞

4. COMMUNIQUEZ

**1. Vous travaillez dans une entreprise depuis quelques années, mais vous n'êtes pas satisfait(e). Vous rencontrez le / la DRH. Vous lui expliquez la situation et vous donnez les raisons de votre insatisfaction, puis vous discutez avec lui / elle pour trouver une solution.
À la fin de la discussion, vous décidez de démissionner ou de rester. Jouez la situation à deux.**

2. Faites un bref compte rendu informel de cet entretien dans un mail à un(e) de vos collègues ou à un(e) ami(e).

D C'est tout un art !

1. LISEZ LE DOCUMENT

Guide perso → → → → → → → → → → → → → → → → → →

**Vous aviez un bon argumentaire, pourtant vous n'avez pas réussi
à convaincre votre interlocuteur.
Qu'avez-vous raté ? Comment faire à l'avenir ?
Suivez les conseils de notre consultant en communication.**

1 **T**out d'abord, il est important de veiller à ce qu'il y ait un climat favorable au dialogue. Ne craignez pas de perdre du terrain en établissant une relation cordiale : c'est le meilleur moyen de gagner des points par la suite.

2 **M**ontrez-vous calme et disponible, même si vous avez des problèmes ou autre chose en tête. En effet, en étant ouvert et aimable, vous réussirez à amener votre interlocuteur à discuter plus librement.

3 **P**renez garde à vos gestes car ils sont parfois en contradiction avec ce que vous dites. Par exemple, si vous annoncez à votre client qu'il a du temps pour se décider et que vous tapotez des doigts sur la table, vous montrez votre impatience.

4 **A**u téléphone, méfiez-vous car votre voix peut vous trahir. En effet, bien que vous ne soyez pas en face de votre interlocuteur, il peut deviner votre état du moment. Cela veut dire que le moindre relâchement ou énervement de votre part s'entend.
Faites attention au ton de votre voix ainsi qu'au choix de vos formulations et, surtout, n'agressez jamais votre interlocuteur.

5 **P**our convaincre, il est indispensable de s'adapter à votre interlocuteur, c'est-à-dire qu'il faut faire correspondre vos arguments à ses attentes. Pour cela, n'hésitez pas à insister sur ceux qui vous semblent les plus percutants et qui correspondent le plus à sa personnalité.
Veillez également à montrer à votre interlocuteur qu'il est lui-même entendu. Autrement dit, avant de présenter vos arguments, prenez le temps d'écouter les siens sans l'interrompre. Soyez attentif à ce qu'il vous dit et n'ayez pas peur de montrer votre intérêt en hochant la tête ou en ponctuant ses propos par des expressions comme « d'accord », « tout à fait », « bien sûr »...

2. VÉRIFIEZ VOTRE COMPRÉHENSION

Complétez la fiche.

<table>
<tr><td colspan="2" align="center">Fiche conseil
Convaincre un interlocuteur</td></tr>
<tr><td>À faire</td><td>À ne pas faire</td></tr>
<tr><td>– ....</td><td>– ....</td></tr>
<tr><td>– ....</td><td>– ....</td></tr>
<tr><td>– ....</td><td>– ....</td></tr>
</table>

❝ LE VOCABULAIRE

agresser (v.)
amener (v.)
argumentaire (n. m.)
attentif(ve) (adj.)
contradiction (n. f.)
énervement (n. m.)
formulation (n. f.)
geste (n. m.)
hocher (la tête) (v.)
impatience (n. f.)
interrompre (v.)
percutant(e) (adj.)
ponctuer (v.)
rater (v.)
relâchement (n. m.)
tapoter (v.)
ton (n. m.)
trahir (v.) **❞**

3. RETENEZ

Pour parler d'un fait illogique :
Vous aviez un argumentaire solide, **pourtant** vous n'avez pas réussi votre négociation.
Bien que vous ne soyez pas en face de votre interlocuteur, il peut deviner votre état du moment.
Montrez-vous calme et disponible **même si** vous avez des soucis.

> Voir les outils linguistiques de l'unité 9, page 147.

Pour rassurer :
Ne craignez pas de…
N'ayez pas peur de…
N'hésitez pas à…

Pour mettre en garde ou conseiller la vigilance :
Prenez garde…   Faites attention à…
Méfiez-vous…   Veillez à ce que…

Pour introduire des explications ou des exemples :
En effet, en étant ouvert et aimable vous réussirez à amener votre interlocuteur à discuter.
Par exemple, si vous tapotez des doigts sur la table, vous montrez votre impatience.
Cela veut dire que le moindre énervement de votre part s'entend.
C'est-à-dire qu'il faut faire correspondre vos arguments à ses attentes.
Autrement dit, avant de présenter vos arguments, prenez le temps d'écouter les siens sans l'interrompre.

4. COMMUNIQUEZ

1. Un bon accueil.
Vous êtes chargé(e) de former des hôtesses d'accueil pour un salon. Pour cela, vous élaborez un document écrit avec les règles à suivre pour l'accueil et l'orientation des visiteurs. Rassurez et/ou mettez en garde contre d'éventuels problèmes.

2. Discours convaincant.
Un(e) de vos ami(e)s ou un(e) de vos collègues veut démissionner de son poste. Vous pensez qu'il / elle a tort. Jouez la situation à deux.

1. LE GÉRONDIF

Pour préciser le moment, la manière et la simultanéité entre deux actions réalisées par un même sujet.

1. J'ai vu ce tract **en passant**.	1. Exprime le temps (on peut remplacer le gérondif par un énoncé avec **quand, au moment où**).
2. Ralentir l'activité **en organisant** des débrayages	2. Exprime la manière (répond à la question **comment ?**).
3. **En ralentissant** l'activité, les salariés créent encore plus de problèmes.	3. Exprime la cause (on peut remplacer le gérondif par un énoncé avec une expression de cause).
4. **En négociant** avec la direction, ils peuvent trouver un arrangement.	4. Exprime la condition / l'hypothèse (on peut remplacer le gérondif par un énoncé avec **si**).
Formation du gérondif : **EN** + participe présent du verbe. Participe présent = radical (base) de la 1re personne du pluriel du présent + **-ant**.	

⚠ Nous sommes... → **En étant**...
Nous avons... → **En ayant**...
Nous savons... → **En sachant**...

2. L'INDICATIF ET LE SUBJONCTIF

Pour exprimer une opinion, un jugement, une certitude, un doute, une crainte.

Exprimer une opinion, un jugement, une certitude	Exprimer le doute	Exprimer la crainte
– **Je suis sûre que** les employeurs peuvent faire un choix. – **Je pense que** ce système peut être positif. – **Je crois / trouve que** ça ne sert à rien.	– **Je ne suis pas certaine que** le gouvernement puisse imposer ça. – **Je ne pense pas que** ce soit très important. – **Je ne crois pas qu'**on ait la possibilité de dissimuler ses origines. – **Je doute que** les CV anonymes fassent disparaître les problèmes. – **Cela m'étonnerait que** le CV anonyme modifie quelque chose.	– **Je crains que** ça ne change pas grand-chose. – **J'ai bien peur que** la sélection se déplace.
Être sûr(e) / certain(e) Penser Croire Trouver **QUE** + verbe à l'**indicatif**.	Ne pas être sûr(e) / certain(e) Ne pas penser Ne pas croire **QUE** Douter Cela ... étonnerait + verbe au **subjonctif**.	Craindre **QUE** Avoir peur + verbe au **subjonctif**.

3. LE DISCOURS INDIRECT PASSÉ

Pour rapporter des paroles passées.

Paroles prononcées	Paroles rapportées
– Je vais démissionner. – Le travail est intéressant et j'ai vraiment apprécié tous les projets. – Je trouverai des solutions pour mon remplacement et je finirai le dossier.	– Je lui **ai annoncé** que j'**allais démissionner**. – Je lui **ai assuré** que le travail **était** intéressant et que j'**avais** vraiment **apprécié** tous les projets. – Je lui **ai promis** que je **trouverais** des solutions pour mon remplacement et que je **finirais** le dossier.

Pour rapporter des paroles prononcées dans le passé il faut :
1. Des **verbes introducteurs** au passé :
annoncer / assurer / promettre / dire / ajouter / expliquer...

2. Un **changement des temps** verbaux :
– Futur proche   → **Imparfait** du verbe **aller** + **infinitif**
– Présent   → **Imparfait**
– Passé composé → **Plus-que-parfait**
– Futur simple   → **Conditionnel présent**

⚠ Les verbes au conditionnel, à l'imparfait ou au plus-que-parfait ne changent pas.

4. L'EXPRESSION DE LA CONCESSION

Pour indiquer une situation / un événement illogique, inattendu(e) ou anormal(e).

1. Vous aviez un argumentaire solide. 2. Vous n'êtes pas en face de votre interlocuteur. 3. Vous avez des soucis.	1. Vous n'avez pas réussi votre négociation. 2. Il peut deviner votre état du moment. 3. Montrez-vous calme et disponible.

1. – Vous aviez un argumentaire solide **mais / pourtant** vous n'avez pas réussi votre négociation.
   – Vous n'avez pas réussi votre négociation **alors que** vous aviez un argumentaire solide.
2. – Vous n'êtes pas en face de votre interlocuteur, **mais** il peut **quand même** deviner votre état du moment.
   – **Bien que** vous ne soyez pas en face de votre interlocuteur, il peut deviner votre état du moment.
3. – Montrez-vous calme et disponible **même si** vous avez des soucis.
   – Montrez-vous calme et disponible **malgré vos** soucis.

Pour exprimer la concession, on utilise les mots ou expressions suivants :
– **mais, pourtant, même si, alors que, quand même** + indicatif
– **bien que** + subjonctif / **malgré** + nom

PRONONCEZ

Écoutez ce dialogue. Comme dans la première phrase, barrez les lettres que vous ne prononcez pas et indiquez les enchaînements consonantiques (sons de consonnes suivis de voyelles). Puis, jouez-le.

Anne : Est-ce que tu as vu le directeur adjoint ? Quelle a été sa réaction ?

Claire : Il n'a pas été vraiment surpris car il en avait entendu parler par une autre employée.

Anne : Ah, oui ! Est-ce que tu pars avec ou sans préavis ?

Claire : Sans, il a finalement accepté que je parte avant.

Anne : Génial, tu es contente, j'imagine. Tu as déjà trouvé un autre emploi ?

Claire : Non, je n'ai pas encore eu l'énergie de chercher.

1. Libre expression

Remplacez les énoncés en gras par un verbe au gérondif et indiquez ce qu'il exprime (manière, cause, temps, hypothèse).

1. Pour éviter que les cadres fassent trop d'heures, il faudrait qu'ils pointent **quand ils arrivent** au bureau et **quand ils repartent** le soir.
2. Il y a trop de gaspillage de papier dans les bureaux. On devrait faire un effort. **La solution : éviter** de faire des photocopies systématiques.
3. **Comme elle a mis** en place de nouvelles règles, Mme Marchand a fait évoluer le service. On est vraiment contents.
4. **Si elle continue** d'agir comme elle le fait, la direction va perdre notre confiance.
5. **Parce qu'elle a mal réagi**, la DRH a provoqué la colère de tous les employés de l'usine.
6. Je trouve que notre agence n'est pas assez connue. On pourrait atteindre plus de consommateurs. **Pour cela, réfléchissons** mieux à nos stratégies de communication.
7. **Quand il a pris** son poste, notre nouveau chef nous a fait comprendre qu'il allait tout changer. Ce n'est pas normal !
8. Je suis sûre que **si on était vigilants** sur la qualité de nos produits, on retrouverait notre clientèle.

2. Doutes et certitudes

Conjuguez les verbes entre parenthèses aux temps et aux modes qui conviennent. Justifiez votre choix.

1. – Tu crois qu'ils *(embaucher)* ... d'autres commerciaux l'année prochaine ?
   – On n'a pas eu de très bons résultats, alors ça m'étonnerait qu'ils le *(faire)* ... .
2. – Il paraît que le congé de maternité va être prolongé de deux semaines.
   – C'est une bonne nouvelle ! Je trouve que la durée actuelle *(être)* ... insuffisante.
3. – Tu es pour ou contre le tutoiement au bureau ?
   – Moi, ça ne me gêne pas, mais je doute que ma chef *(accepter)* ... que je la tutoie.
4. – Tu penses que la situation financière de notre entreprise *(s'améliorer)* ... ?
   – Je ne suis pas très optimiste. Je crains au contraire que nous *(finir)* ... mal l'année.
5. – Je suis certain que la direction nous *(imposer)* ... de nouveaux horaires.
   – Moi aussi, et j'ai bien peur que nous n'*(avoir)* ... pas le choix.
6. – À partir de l'année prochaine, on va avoir des bureaux paysagers. Qu'en penses-tu ?
   – On va faire des économies sur le mobilier, mais je ne suis pas certaine que ça *(permettre)* ... d'améliorer la productivité.

3. Discours de choc

Rapportez le discours du président-directeur général.

> Chers collègues,
>
> La situation est difficile. Le contexte mondial actuel ne nous permettra pas de faire des bénéfices cette année. Nous devons donc faire face à une restructuration pour éviter des licenciements.
>
> En conséquence, nous avons décidé, en comité de direction, de regrouper certains services et nous sommes actuellement à la recherche d'un site moins cher pour installer nos bureaux.
>
> Par ailleurs, les différents responsables de service réfléchissent à des actions pour développer notre communication afin de trouver de nouveaux clients. Nous allons également diversifier les activités de l'entreprise.
>
> J'espère que la situation s'améliorera et que notre entreprise pourra se développer à nouveau.

1. COMPRÉHENSION ÉCRITE

Conflits.

Lisez le document, puis complétez la fiche ci-dessous.

▶ Les blocages de grandes usines en France montrent que la mobilisation est toujours forte face à une menace de restructuration. Pourtant, aujourd'hui, on constate qu'il y a moins de journées de grève dans les entreprises et que certains conflits passent presque inaperçus.

Cela ne veut pas dire qu'il n'y a plus de difficultés. Il s'agit plutôt d'un changement dans la manière de montrer son mécontentement.

On remarque qu'il y a moins de paralysie de l'entreprise et d'arrêts de l'activité. Les salariés préfèrent montrer leur désaccord en organisant des débrayages systématiques, c'est-à-dire des arrêts inférieurs à la journée.

La grève n'est plus le principal mode d'expression d'un conflit collectif, et les conflits sont plus courts et plus ciblés parce qu'ils peuvent coûter cher aux salariés. En effet, dans un contexte de compétition internationale, une grève prolongée pourrait bloquer la production.

▶ La mondialisation a également apporté de nouveaux modes de fonctionnement. Ainsi, par exemple, une multinationale de services informatiques peut, en quelques heures, transférer ses activités vers un autre pays. Un conflit peut donc mettre les salariés dans une situation encore plus difficile.

▶ Pour faire connaître le conflit et bénéficier de l'attention médiatique, des salariés et des syndicats utilisent les possibilités qu'offrent les nouvelles technologies d'information et de communication. Ils utilisent, par exemple, des blogs pour s'exprimer et parler du conflit. On peut aussi trouver des sites qui proposent des comptes rendus de réunions de comité d'entreprise ou encore des photos ou vidéos de manifestations et de rassemblements. Des forums de discussion permettent de faire circuler l'information en appelant même parfois les consommateurs à soutenir le mouvement.

La situation aujourd'hui :	Les raisons du changement :
1.	1. ....
2.	2. ....
3.	**Les nouveaux modes d'expression :**
4.	1. ....
5.	2. ....

2. COMPRÉHENSION ORALE

Réagir face à une démission.

Écoutez et cochez les énoncés qui correspondent aux propos du consultant en entreprise.

1. ❑ Quelquefois, un salarié dit qu'il veut partir, mais en fait ce n'est pas tout à fait vrai.
2. ❑ Il est indispensable que vous écoutiez le collaborateur.
3. ❑ Orientez l'entretien pour confirmer vos impressions.
4. ❑ Profitez-en pour indiquer ce qui ne va pas.
5. ❑ Parlez des conditions de départ dès le premier entretien.
6. ❑ Attendez et réfléchissez avant de prendre une décision.
7. ❑ Vous pouvez proposer un meilleur salaire.
8. ❑ N'oubliez pas de rappeler les obligations légales en cas de démission.
9. ❑ Facilitez le départ d'un salarié qui n'est pas compétent.
10. ❑ Contactez la clientèle pour l'informer du départ de ce collaborateur.
11. ❑ Prévenez collectivement les autres membres de votre équipe.

La représentation des salariés dans les entreprises françaises

Les salariés regroupés par collèges (ouvriers – employés et cadres – ingénieurs – techniciens)		Les sections syndicales* regroupent les salariés syndiqués
élisent leurs représentants		et désignent

Lorsqu'il y a au moins 10 salariés :

les délégués du personnel.

• Ils présentent à l'employeur les réclamations collectives et individuelles.
• Ils peuvent saisir l'Inspection du travail de toutes plaintes et en cas d'infraction à la loi.

Lorsqu'il y a au moins 50 salariés :

les membres du comité d'entreprise ou d'établissement.
(Le comité est présidé par le chef d'entreprise.)

Deux fonctions :

• Ils doivent être consultés sur certaines décisions (conditions et organisation du travail, qualifications, formations, licenciements…).
• Ils donnent un avis sur la politique économique, financière et sociale.

• Ils contrôlent et gèrent les œuvres sociales (cantine, loisirs, retraite…) grâce à un budget financé par l'entreprise.

les délégués syndicaux.

• Il représentent auprès de l'employeur et du comité d'entreprise les intérêts professionnels des membres du syndicat.
• Ils peuvent signer des accords.

* Seuls les syndicats ayant obtenu au moins 10% des voix au premier tour des élections sont représentatifs. Les principaux syndicats français sont : la Confédération française démocratique du travail (CFDT), la Confédération générale du travail (CGT), Force ouvrière (FO) et la Confédération générale des cadres (CGC).

Les conflits collectifs du travail et les grèves

Le droit de grève est reconnu en France depuis 1864.
Lorsque les salariés français manifestent leur mécontentement, ils peuvent **se mettre en grève** et **déposer un préavis**. On parle aussi de **« débrayage »** lorsque les salariés décident un arrêt de travail.

➤ **Il existe différents types de grèves.**
• La grève générale : tout le personnel d'une ou plusieurs entreprises cesse le travail.
• La grève « sur le tas » : les grévistes occupent les locaux de travail et organisent quelquefois des « piquets de grève ».
• La grève tournante : elle consiste à cesser le travail à tour de rôle, par atelier ou par service, pour désorganiser la production.
• La grève surprise : elle est déclenchée quand l'employeur n'a pas été mis au courant auparavant des revendications.

> **> Existe-t-il une représentation des salariés dans votre pays ? Quelles organisations les représentent ? Quel est leur rôle ? Comment les salariés expriment-ils leur mécontentement ?**

Une affaire de malentendus

On dit souvent que les managers français sont dirigistes et peu communicatifs.

En France, où la distance hiérarchique est importante, il apparaît naturel qu'une décision soit prise par le chef, sans concertation préalable avec les collaborateurs concernés. On ne contestera pas ouvertement le patron. Aussi, certains cadres étrangers seront-ils persuadés que s'ils n'ont pas été consultés, c'est qu'on ne leur a pas fait confiance, alors que ce n'est pas le cas.

Il arrive que les Français se plaignent du manque de réactivité de leurs collaborateurs étrangers. Cet autre malentendu provient d'une façon différente de concevoir le travail. Le Français attend de son travail une satisfaction personnelle. La priorité est donnée à la qualité de la vie, et il acceptera une tâche intéressante même si elle ne correspond pas vraiment à sa fonction. Contrairement à certains collaborateurs étrangers qui, eux, se mettront au travail si la tâche leur a été expliquée, si elle correspond à leurs attributions et si on leur laisse une autonomie.

Aussi, n'hésitez pas à expliquer comment vous voulez être informé(e) et à poser des questions.

Et si, lors d'une réunion avec des Français, vous vous demandez pourquoi ils élèvent ainsi la voix entre eux, ne croyez pas qu'ils se disputent, en réalité ils haussent le ton pour convaincre.

Le Français ne félicite pas facilement. Il met rarement la note maximale dans une évaluation par exemple, même s'il est très satisfait des services. N'en soyez pas étonné(e) et ne vous démotivez pas !

>>> CAS PRATIQUE >>> CAS PRATIQUE >>> CAS PRATIQUE >>>

Les conseils d'experts.
- Comment faire avec un Américain : fixez les objectifs et laissez-le travailler.
- Comment faire avec un Allemand : répondez à toutes ses questions sur l'organisation de l'équipe.
- Comment faire avec un Japonais : pensez à marquer des pauses dans votre conversation, signes de respect envers votre interlocuteur.
- Comment faire avec un Marocain : ne refusez jamais une invitation à dîner.

> Comment faire avec des cadres de votre pays ? Donnez des conseils, pour éviter des malentendus, à un Français qui vient en déplacement professionnel dans votre pays.

UNITÉ 10 ON EN EST OÙ ?

Vous allez vous entraîner à :
- commenter un graphique / des résultats
- préciser des sources d'information
- indiquer des quantités non chiffrées
- exprimer un ordre de grandeur / une proportion
- pointer des manques / des insuffisances / des dysfonctionnements
- indiquer des efforts faits / à faire
- présenter des actions planifiées dans le temps
- indiquer une réserve
- différer une réponse
- décrire des qualités professionnelles
- faire des hypothèses sur une situation passée
- donner des arguments et convaincre
- raconter le déroulement d'une formation
- vanter une formation
- exprimer la certitude et la probabilité

Vous allez utiliser :
- les adjectifs indéfinis
- le futur antérieur
- les pronoms indéfinis
- les connecteurs logiques
- le subjonctif et l'indicatif

Pour être capable :
- de faire un bilan d'activité succinct
- de faire un rapport succinct en pointant des dysfonctionnements
- d'interagir lors d'un entretien annuel d'évaluation
- d'échanger à propos d'une formation

A C'est bon à savoir

1. ÉCOUTEZ LE DIALOGUE

Le directeur financier :	Aujourd'hui, je peux vous annoncer les résultats de notre groupe et j'ai une bonne nouvelle.
Cédric B. :	Ah, très bien !
Le directeur financier :	Oui, les résultats de l'année sont excellents puisque le chiffre d'affaires réalisé en fin d'exercice s'élève à 649,7 millions d'euros.
Manuella G. :	Quelle est la progression par rapport à l'année dernière ?
Le directeur financier :	En examinant attentivement ce graphique, vous constaterez que malgré un début d'année difficile, avec un recul de 0,6 % des ventes, le chiffre d'affaires est en hausse de 2,7 %.
Julien S. :	Comment expliquez-vous cela ?
Le directeur financier :	Cela s'explique par la croissance de l'activité de la plupart des magasins du groupe, qui a été de 3,1 %.
Manuella G. :	Qu'en est-il de la marge commerciale ?
Le directeur financier :	Un examen approfondi des données indique qu'elle a progressé de 3,4 % en raison de l'activité favorable enregistrée en Allemagne.
Cédric B. :	Autrement dit, on a bien fait d'investir là-bas ! On est à combien de magasins actuellement ?
Le directeur financier :	Aujourd'hui, le groupe compte 154 magasins, dont une vingtaine de franchisés*. Et puis, en mai, on a ouvert une filiale d'approvisionnement en Chine.
Manuella G. :	Que prévoit-on dans les années qui viennent ?
Le directeur financier :	Une enquête a révélé que la majorité de nos clients aiment le concept de nos magasins. C'est pourquoi, plusieurs projets opérationnels importants, lancés cette année, seront poursuivis l'année prochaine. On prévoit par ailleurs l'ouverture d'autres magasins en France et à l'étranger, ainsi que la signature de nombreux accords de franchise. Ce qui devrait permettre une augmentation du chiffre d'affaires de notre groupe d'environ 5 %.
Julien S. :	Vous êtes très optimiste ! Ce sont les actionnaires qui vont être contents !
Le directeur financier :	Oui. D'ailleurs, le conseil d'administration proposera, à l'Assemblée générale des actionnaires du 27 juin prochain, le versement d'un dividende de 59 centimes d'euro par action, ce qui représente une progression de 6,1 %.

* Franchisé : commerçant qui a le droit d'exploiter la marque, le nom ou le brevet d'un franchiseur (une entreprise de renommée nationale ou internationale).

2. VÉRIFIEZ VOTRE COMPRÉHENSION ?

1. Complétez l'extrait de l'avis financier.

> **Résultats de l'exercice -** Chiffre d'affaires : ... millions d'euros. (En ... de 2,7 %.)
> Croissance de l'activité des magasins : ... %. La marge commerciale a ... de 3,4 %.
> **Chiffres prévisionnels -** ... du chiffre d'affaires du groupe : environ ... %.
> Dividende par action : ... € (en ... de 6,1 %.)

2. Quel graphique correspond au chiffre d'affaires annoncé et à son évolution ?

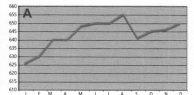
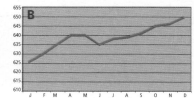
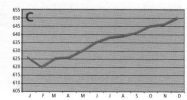

3. RETENEZ

Pour donner des informations dans un rapport d'activité :
Les résultats de l'année sont excellents / (très) mauvais.
On a investi.
Aujourd'hui le groupe compte... magasins / filiales.
On a ouvert / fermé / une filiale / un magasin.
On prévoit la signature / l'ouverture / le versement de...

Pour commenter des résultats / un graphique :
Le chiffre d'affaires réalisé en fin d'exercice :
→ s'élève à...
→ a augmenté / progressé / baissé.
→ est en hausse / en baisse de ... %.
→ est resté stable / s'est stabilisé.
On remarque :
→ une augmentation / progression / croissance de ... %.
→ un recul / une baisse / une diminution de ... %.

Pour préciser des sources d'information :
En examinant attentivement ce graphique,
on constate / on s'aperçoit que...
Un examen approfondi des données indique / montre
que...
Une enquête a révélé que...

❝ LE VOCABULAIRE
action (n. f.)
actionnaire (n. m./f.)
chiffre d'affaires (n. m.)
croissance (n. f.)
dividende (n. m.)
filiale (n. f.)
franchise (n. f.)
investir (v.)
progression (n. f.)
versement (n. m.) **❞**

Pour exprimer un ordre de grandeur, une proportion :
0,6 % (pour cent) de...
La plupart / la majorité de...
Une dizaine / une vingtaine de...
La moitié / les deux tiers / les trois quarts de...

Pour indiquer des quantités non chiffrées :
Fermeture de **quelques** magasins.
Ouverture d'**autres** magasins en France.
Plusieurs / de nombreux projets ...

> Voir les outils linguistiques de l'unité 10, page 162.

4. COMMUNIQUEZ

1. Des chiffres utiles.
Voici les chiffres d'affaires (en millions d'euros), sur un semestre, de boutiques du groupe implantées à l'étranger.
Dessinez les graphiques correspondants et commentez-les en quelques phrases pour la page *Chiffres du mois* du journal d'entreprise.

	Allemagne	Espagne
jan.	12	19
fév.	15	12
mars	18	21
avril	18	16
mai	20	17
juin	25	20

2. Bilan exemplaire.
Trouvez des données correspondant à une entreprise de votre pays et faites une présentation du bilan des activités à votre groupe.

B Un audit explicite

1. LISEZ LE DOCUMENT

Comité de gestion
CE* Saturne. SA

À tout le personnel

NOTE D'INFORMATION

Objet : restaurant du site.

Tous les collaborateurs s'interrogent sur le fonctionnement actuel de notre restaurant. Dans le cadre d'un projet d'extension de la cuisine, indispensable à cause de l'augmentation des effectifs (plus de six cents repas sont servis en moins d'une heure), un audit de l'ensemble du restaurant a été réalisé.

Les conclusions de cet audit montrent les principaux points de dysfonctionnement suivants :

1. L'espace de distribution des salades n'est pas suffisamment exploité.
2. La salle à manger semble de taille suffisante, mais les tables sont sous-employées compte tenu de leur emplacement, et il manque des chaises.
3. Il y a trop d'attente au moment du passage en caisse. En effet, il n'y a qu'une seule caisse.
4. L'espace pour la plonge** reste sous-dimensionné malgré les investissements réalisés.
5. L'organisation du travail actuel n'est ni efficace ni bénéfique pour le personnel de cuisine.

Les solutions à apporter :

• Depuis la fin novembre, nous faisons notre possible pour améliorer les prestations et nous travaillons d'arrache-pied à toutes les améliorations (réorganisation du travail en cuisine et meilleure utilisation de l'espace).

• Nous envisageons une première série de petits travaux qui vont être entrepris dès mi-décembre aussitôt que le CE* aura trouvé des prestataires. Une seconde caisse sera installée quand on aura réaménagé la salle de restaurant.

• Des travaux d'aménagement plus importants commenceront dès que nous aurons obtenu le financement nécessaire.

En attendant, nous nous efforçons de ne pas répercuter les coûts de toutes ces améliorations sur le prix de votre plateau.

Pour le comité d'entreprise
Le secrétaire

JC Demange

Jean-Claude Demange

---

* CE : comité d'entreprise.   ** La plonge : la vaisselle.

2. VÉRIFIEZ VOTRE COMPRÉHENSION ?

Vous faites une synthèse du rapport d'audit. Complétez le tableau suivant.

Points de dysfonctionnement	Solutions envisagées
....	....
....	....

3. RETENEZ

Pour pointer des manques / insuffisances / dysfonctionnements :
... n'est pas suffisamment exploité(e).
... sont sous-employé(e)s.
Il manque...
Il y a trop de...
Il n'y a qu'un(e) seul(e)...
... est sous-dimensionné(e).
... n'est ni efficace ni bénéfique pour...

Pour indiquer des efforts faits / à faire :
Nous faisons notre possible pour...
Nous travaillons d'arrache-pied à...
Nous nous efforçons de...

❝ LE VOCABULAIRE
bénéfique (adj.)
cadre (n. m.)
dysfonctionnement (n. m.)
effectif (n. m.)
entreprendre (v.)
exploiter (v.)
extension (n. f.)
financement (n. m.)
investissement (n. m.)
prestataire (n. m.)
prestation (n. f.)
répercuter (v.)
sous-dimensionné(e) (adj.)
suffisamment (adv.) ❞

Pour présenter des actions planifiées dans le temps :
– Une première série de petits travaux vont être entrepris **dès** mi-décembre aussitôt que le CE aura trouvé des prestataires. Une seconde caisse sera installée **quand** on aura réaménagé la salle de restaurant.
– Des travaux d'aménagement plus importants commenceront **dès que** nous aurons obtenu le financement nécessaire.

> Voir les outils linguistiques de l'unité 10, page 162.

4. COMMUNIQUEZ

1. Ça ne va pas !
Il y a des dysfonctionnements au niveau de votre service. Vous allez voir votre supérieur hiérarchique pour lui en parler.
Jouez la situation à deux.

2. On s'organise.
Vous êtes chargé(e) d'organiser un séminaire international qui aura lieu dans six mois.
Faites le point sur les actions à envisager dans un mail destiné aux collaborateurs qui vous aideront sur ce projet.

C Objectifs atteints ?

1. ÉCOUTEZ LE DIALOGUE 🎧

Claudine est décoratrice-conseil et vend des cuisines chez Vigo. Elle est dans le bureau de Franck, son supérieur hiérarchique, pour son entretien annuel.

Franck : Bien, Claudine, comme vous le savez, je vous ai demandé de venir pour procéder ensemble à votre évaluation annuelle. Est-ce que vos objectifs ont été atteints ?

Claudine : J'ai préparé mon bilan de l'exercice écoulé.

Franck : Bien, je vous écoute.

Claudine : Alors, mes objectifs étaient de quinze cuisines par trimestre et cinq salles de bains soit, compte tenu des vacances, cinquante cuisines sur l'année et quinze salles de bains.

Franck : Et quels sont vos résultats ?

Claudine : 90 % de mes objectifs ont été atteints : j'ai vendu plus de salles de bains que prévu, soit au total dix-huit, mais je n'ai fait que quarante cuisines.

Franck : Oui, ce n'est pas mal, mais c'est sur les cuisines que nous faisons le maximum de marge. Comment expliquez-vous ces résultats sur les cuisines ?

Claudine : Vous savez comme moi que le pouvoir d'achat des consommateurs a diminué !

Franck : Vous avez raison, mais cela n'explique pas tout. Vos collègues ont mieux réussi à maîtriser la situation. Certains ont atteint leurs objectifs et quelques-uns les ont même dépassés.

Claudine : Oui, mais s'ils avaient eu mon secteur, je suis sûre qu'ils n'auraient pas fait mieux que moi.

Franck : Peut-être, mais c'est à vous de convaincre vos clients...
Je tiens tout de même à vous dire que je suis très content de travailler avec vous, car vous êtes autonome, vous avez un excellent contact avec la clientèle et vous savez travailler en équipe.

Claudine : Alors, est-ce que je peux quand même compter sur un bonus sur mes ventes ?

Franck : On verra. Vous n'avez pas complètement atteint vos objectifs !

Claudine : Si j'avais su, je n'aurais pas accepté de reprendre ce secteur.

Franck : Écoutez, il faut que j'arrive à distribuer mon enveloppe de bonus de manière équitable entre tous les vendeurs. Je vais réfléchir.

Claudine : Merci !

2. VÉRIFIEZ VOTRE COMPRÉHENSION

Complétez la fiche d'entretien d'évaluation.

Fiche d'entretien individuel

Nom : Claudine Lapeyre   **Nature du travail :** ....

	Insuffisant	Bien	Excellent
Capacité à vendre, à convaincre	...	...	...
Capacité à travailler en groupe	...	...	...
Autonomie	...	...	...
Relationnel avec la clientèle	...	...	...
	Objectifs non atteints	*Objectifs en partie atteints*	*Objectifs atteints*
Conclusion	...	...	...

3. RETENEZ

Pour indiquer une réserve :
Ce n'est pas mal, mais.....
Vous avez raison, mais cela n'explique pas tout.
Peut-être, mais...

Pour différer une réponse :
On verra.
Je vais réfléchir.

Pour décrire des qualités professionnelles :
Vous êtes autonome / ponctuel(le) / disponible.
Vous avez un excellent contact avec la clientèle.
Vous savez travailler en équipe. Vous savez vous adapter.
Vous maîtrisez bien les outils.

Pour faire des hypothèses sur une situation passée :
S'ils avaient eu mon secteur, je suis sûre qu'ils n'auraient pas fait mieux que moi.
Si j'avais su, je n'aurais pas accepté de reprendre ce secteur / des objectifs aussi ambitieux !

> Voir les outils linguistiques de l'unité 10, page 163.

❝❝ LE VOCABULAIRE
ambitieux(se) (adj.)
annuel(le) (adj.)
atteindre (v.)
autonome (adj.)
bilan (n. m.)
bonus (n. m.)
dépasser (v.)
enveloppe (de bonus) (n. f.)
évaluation (n. f.)
maîtriser (v.)
marge (n. f.)
pouvoir d'achat (n. m.)
procéder (v.) **❞❞**

4. COMMUNIQUEZ

Entretien sérieux.
Étape n° 1 :
Vous êtes chargé(e) de faire l'entretien individuel d'un collaborateur.
Choisissez une fonction et définissez tous les critères à aborder, puis faites une grille d'évaluation.
Discutez ensuite en petits groupes et proposez une grille d'évaluation commune.

Étape n° 2 :
Jouez les entretiens d'évaluation à deux et complétez les grilles d'évaluation.

Étape n° 3 :
Réunissez tous les évaluateurs et décidez de l'attribution d'un bonus ou d'une augmentation de salaire ou non.
Jouez la situation en petits groupes.

D Ça en vaut la peine

1. LISEZ LE DOCUMENT

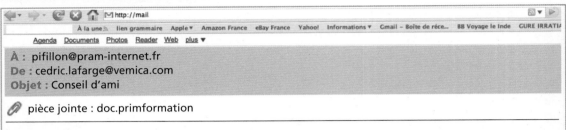

À : pifillon@pram-internet.fr
De : cedric.lafarge@vemica.com
Objet : Conseil d'ami

📎 pièce jointe : doc.primformation

Bonjour Pierre,

La dernière fois que je t'ai vu, tu m'as parlé des problèmes que tu rencontres avec certains de tes collaborateurs. Où en es-tu ?

J'ai assisté à une formation sur la conduite de réunions de projet et je te la recommande parce que d'une part cela te permettrait d'avancer dans ta manière de travailler avec ton équipe et d'autre part ce serait la meilleure façon pour toi de faire le point en tant que chef de projets.

> La formation a duré trois jours. Nous avons d'abord travaillé sur les différentes étapes d'un projet, puis nous avons appris qu'il y avait des types de réunions différents liés à chacune de ces étapes.
> Le deuxième jour, nous avons abordé les spécificités de la communication. C'était très intéressant car le formateur nous a indiqué des techniques pour faire travailler des collaborateurs très différents ensemble. Par ailleurs, il nous a montré comment gérer les problèmes relationnels.
> Pour conclure, le troisième jour, nous avons vu en détail les spécificités de chaque type de réunion et la manière de les conduire.

Le contenu de la formation était vraiment pragmatique et le formateur était très pro. C'est pourquoi, si tu t'y inscris, je suis sûr que tu ne le regretteras pas. De plus, je suis persuadé que tu peux en retirer le maximum pour ta fonction.

Je savais que l'organisme de formation était très sérieux et compétent, mais là vraiment je suis plus que satisfait. Tout se fait dans une ambiance sympathique et propice aux échanges, et en plus on nous a donné plein de documentation.

Bref, tout était bien sauf le prix, un peu cher. Mais crois-moi, ça en vaut vraiment la peine. D'ailleurs, renseigne-toi, il est probable que ton entreprise pourra te la payer.

Il est possible que je vienne à Toulouse la semaine prochaine.

Si tu veux, on dîne ensemble et on en parle.

À bientôt et bon courage.

Cédric

2. VÉRIFIEZ VOTRE COMPRÉHENSION

Complétez la fiche d'évaluation.

Intitulé de la formation : ....
Êtes-vous satisfait de cette formation ?
❑ oui   ❑ non
Qu'avez-vous apprécié ? ....
Que regrettez-vous ? ....

3. RETENEZ

Pour donner des arguments et convaincre :
D'une part cela te permettrait de...
D'autre part ce serait la meilleure façon de...
Je te la recommande.
Je suis sûr(e) que tu ne le regretteras pas.
Je suis persuadé(e) que tu peux en retirer le maximum.
Crois-moi, ça en vaut vraiment la peine.
Il est probable que ton entreprise pourra te la payer.

Pour parler du contenu et du déroulement d'une formation :
Nous **avons** *d'abord* **travaillé sur**...
Et puis, nous **avons appris que**...
Nous **avons abordé** les...
Le formateur nous **a indiqué** des techniques pour...
Par ailleurs, il nous **a montré** comment...
Pour conclure, nous **avons vu en détail** les spécificités de... et la manière de...

> Voir les outils linguistiques de l'unité 10, page 163.

Pour vanter une formation :
Le contenu de la formation était vraiment pragmatique.
Le formateur était très pro.
Je savais que l'organisme de formation était très sérieux et compétent.
Tout se fait dans une ambiance sympathique et propice aux échanges.
En plus, on nous a donné plein de documentation.
Bref, tout était bien sauf le prix, un peu cher.

LE VOCABULAIRE
conduite (n. f.)
contenu (n. m.)
lier (v.)
manière (n. f.)
organisme (n. m.)
pragmatique (adj. / n. f.)
propice (adj.)
retirer (v.)
spécificité (n. f.)

4. COMMUNIQUEZ

1. C'est passionnant !
Vous avez assisté à une formation. Racontez son déroulement et parlez des contenus à un(e) collègue intéressé(e). Jouez la situation à deux.

2. Vas-y !
Un(e) de vos collègues souhaite postuler pour un des postes décrits dans l'annonce ci-contre, mais il / elle hésite.
Écrivez-lui pour l'encourager et le / la convaincre que c'est une bonne chose.
Trouvez les bons arguments !

Société de conseil recrute
Chefs de projets (H/F) – Consultants (H/F)

■ Vous justifiez d'une expérience de 2 à 3 ans pour les consultants et de 7 à 10 ans pour les chefs de projets.
■ Vous avez le goût du concret, l'expérience du terrain et de bonnes qualités relationnelles.
■ Autonome et rigoureux, votre sens des contacts et une réelle capacité d'adaptation vous permettront de réussir vos missions.
■ La maîtrise de l'anglais est indispensable. Une seconde langue serait un plus.

Merci d'adresser votre candidature par mail à fab-dom@pvl.fr avec en objet la référence CP449/RE.

1. LES ADJECTIFS INDÉFINIS DE QUANTITÉ

Pour exprimer une quantité imprécise.

Quantité nulle	Quantité indéterminée au pluriel
– Nous n'avons eu **aucune** perte.	– Fermeture de **quelques** magasins. – Ouverture d'**autres** magasins en France. – **Plusieurs** projets opérationnels seront poursuivis.
Aucun(e) + nom. ⚠ Cet adjectif s'emploie aussi dans une phrase négative. Exemple : – **Aucun** chiffre n'a été donné.	**Certain(e)s / quelques** + nom au pluriel. **D'autres / plusieurs**. ⚠ **Un(e) autre / d'autres** expriment aussi la diversité. **Quelques** exprime une quantité faible. **Plusieurs** insiste sur la quantité plurielle.

2. LE FUTUR ANTÉRIEUR

Pour planifier des actions.

– De petits travaux vont être entrepris **aussitôt que** le CE **aura trouvé** des prestataires.
– Une seconde caisse sera installée **quand** on **aura réaménagé** la salle de restaurant.
– Des travaux d'aménagement commenceront **dès que** nous **aurons obtenu** le financement.

Emploi du futur antérieur	Formation du futur antérieur
Pour indiquer une action antérieure à une autre dans le futur. ⚠ Avec le futur antérieur, on emploie souvent des indicateurs temporels : – **quand, aussitôt que, dès que...**	Auxiliaire **être** ou **avoir** + verbe ↓ ↓ **futur simple participe passé**

⚠ Ne confondez pas le futur antérieur et la forme passive au futur. Exemples :
– Une caisse sera installée. → forme passive.
– Quand il sera parti. → futur antérieur.

3. LES PRONOMS INDÉFINIS

Pour éviter des répétitions.

Certains collègues ont atteint leurs objectifs et **quelques collègues** les ont même dépassés.
→ Certains collègues ont atteint leurs objectifs et **quelques-uns** les ont même dépassés.

Pour ne pas répéter un **nom précédé d'un adjectif indéfini**, on emploie un **pronom indéfini**.	
Adjectifs indéfinis	**Pronoms indéfinis**
aucun(e)	aucun(e)
certain(e)s	certain(e)s
un(e) autre / d'autres	un(e) autre / d'autres
plusieurs	plusieurs
quelques	quelques-un(e)s
chaque	chacun(e)
tout(e), tous, toutes	tout(e), tous, toutes

4. LES CONNECTEURS LOGIQUES

Pour articuler un discours / un texte.

– **D'une part** cela te permettrait d'avancer et **d'autre part** ce serait la meilleure façon pour toi de faire le point.
– Nous avons **d'abord** travaillé sur..., **puis** nous avons appris qu'il y avait des types de réunions.
– **Par ailleurs**, il nous a montré comment gérer les problèmes relationnels.
– **Pour conclure**, nous avons vu en détail les spécificités de chaque type de réunion.

Les connecteurs (articulateurs) logiques permettent de faire des liens entre les énoncés.
Ils dépendent du type de relation entre les énoncés.

Type de relation	Connecteurs
• Addition • Énumération	→ de / en plus, par ailleurs, aussi, également. → d'abord, ensuite, (et) puis, pour conclure. → d'une part ... d'autre part.
• Liaison / transition • Restriction • Résumé	→ d'ailleurs. → sauf, excepté. → bref, finalement.

5. EMPLOI DU SUBJONCTIF ET DE L'INDICATIF

Pour exprimer les degrés de certitudes.

Certitude / probabilité	Possibilité / impossibilité
– Je suis sûr **que tu** ne le **regretteras** pas. – Je suis persuadé **que** tu **peux** en retirer le maximum. – Il est probable **que** ton entreprise **pourra** te la payer.	– Il est possible **que je vienne** à Toulouse la semaine prochaine.
Formation : Je suis sûr(e) / certain(e) Je suis persuadé(e) Il est (C'est) / probable Il est certain / sûr + **que** + **indicatif**.	**Formation :** Il est possible / Il se peut Il est impossible / peu probable / improbable + **que** + **subjonctif**.

PRONONCEZ

1. Écoutez ces phrases et dites quand les lettres « s » et « t » de *tout, toute, tous* ou *toutes* ne se prononcent pas.

1. Vous devez tous être présents à la réunion d'évaluation.
2. Toute la direction est prévue à cette réunion.
3. Tous les mois, j'ai vendu au moins cinq cuisines.
4. Toutes les personnes de l'entreprise passeront un entretien individuel.
5. Tout est prêt et le directeur va tout vous expliquer.

2. Écoutez ces phrases et barrez le [ə] qui ne se prononce pas. Puis, lisez ces phrases à haute voix. (Attention, le « e » final n'est jamais prononcé.)

1. Il faut que j'aille chez le directeur des ressources humaines.
2. Qu'est-ce que vous avez atteint comme objectif ? Il est indispensable que vous vendiez encore plus rapidement.
3. C'est à vous de convaincre vos clients.
4. Est-ce que je peux compter sur un bonus sur mes ventes ?
5. Je ne pense pas, mais je vais voir.

1. Nouveau départ

Choisissez l'adjectif indéfini qui convient.

1. Grâce aux investissements, l'activité a progressé en *quelques / plusieurs* mois.
2. Nous avons changé *certaines / d'autres* méthodes de travail parce qu'elles n'étaient pas efficaces.
3. Nous avons réussi à obtenir *aucun / plusieurs* contrats importants qui nous ont permis d'augmenter notre chiffre d'affaires.
4. Notre activité était en baisse, alors nous avons prospecté pour trouver *plusieurs / d'autres* sources de profit plus intéressantes.
5. Nous n'avons rencontré *aucun / certain* problème pour lancer notre nouveau produit.

2. Stratégies claires

Complétez en mettant les verbes entre parenthèses au futur simple ou au futur antérieur.

1. Nous (*embaucher*) ... une nouvelle assistante, quand Mme Goiffon (*partir*) ... à la retraite.

2. Les travaux (*débuter*) ... dès que le conseil d'administration (*débloquer*) ... le budget.

3. Tu (*pouvoir*) ... m'appeler lorsque tu (*obtenir*) ... toutes les informations.

4. Les commerciaux (*faire*) ... la maquette une fois qu'ils (*se mettre*) ... d'accord sur la date de la conférence.

5. Je (*s'occuper*) ... de ce dossier quand je (*rentrer*) ... de Colombie.

6. Vous (*devoir*) ... prendre une décision dès que les délégués (*présenter*) ... les résultats.

3. C'est à faire

Complétez le message intranet avec les pronoms indéfinis qui conviennent.

De : Fanny Pilon
À : Paul Voisin

Bonjour Paul,
Quelques instructions avant mon départ.
1. Je n'ai pas fini de faire passer tous les entretiens, tu devras en faire passer ... .
2. Je te laisserai les CV des candidats sur mon bureau. Il faudra que tu les lises ... pour pouvoir choisir un collaborateur rapidement.
3. Les dossiers pour les formations ont été classés, mais ... n'a été validé.
4. Dernier point : l'imprimante ne fonctionne pas, il faudrait qu'on en commande ... rapidement. Peux-tu t'en charger s'il te plaît ?
Je rentre de congés le 24.
Merci pour tout.
Fanny

4. Textos urgents

Complétez en mettant les verbes entre parenthèses au futur simple ou au subjonctif.

1. Je suis sûre qu'on (*gagner*) ... ce contrat ! – Roselyne. 😊
2. Il est possible que la réunion (*être*) ... reportée à jeudi. – Vincent. 😐
3. Il est peu probable que Judith (*partir*) ... avant ton retour. – Luc. 😑
4. Je suis persuadée que la directrice (*refuser*) ... mon augmentation ! – Catherine. 😣
5. Il est impossible que la session de formation (*avoir*) ... lieu cette semaine. – Béatrice. 😐
6. Il se peut que j'(*arriver*) ... en retard. Ne t'inquiète pas. – Anne-Lyse. 😊

1. COMPRÉHENSION ÉCRITE

Tous en forme !

Les quatre graphiques ci-dessous indiquent le taux de fréquentation des abonnés dans quatre clubs de gymnastique de la chaîne *Captonus*. Choisissez, parmi les commentaires (1 à 6), celui qui correspond à chacun des quatre graphiques et notez le numéro qui convient.

1. Après un fort taux de fréquentation en septembre et octobre, les données indiquent une baisse de l'activité en novembre et décembre.
2. Le taux de fréquentation était très bas les deux premiers mois, mais on a constaté une amélioration les mois suivants.
3. La fréquentation est irrégulière : elle a augmenté en octobre et en décembre après une baisse en septembre et novembre.
4. On note une progression continue du taux de fréquentation de septembre à décembre.
5. On a constaté une diminution du taux de fréquentation en septembre, mais il a progressé considérablement en octobre pour baisser à nouveau en novembre et décembre.
6. Au cours du dernier trimestre, le taux de fréquentation est resté stable.

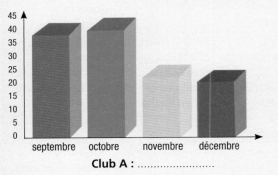

Club A : ....

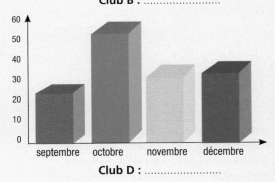

Club B : ....

Club C : ....

Club D : ....

2. COMPRÉHENSION ORALE

La parole est à vous.

Écoutez ces cinq personnes qui apportent leur témoignage. Associez chaque personne au témoignage qui lui correspond. Choisissez la bonne réponse dans la liste A à H et notez-la.

Personne 1 : ....
Personne 2 : ....
Personne 3 : ....
Personne 4 : ....
Personne 5 : ....

A. Indique des efforts à faire.
B. Exprime sa tristesse.
C. Essaie de convaincre.
D. Indique une réserve.
E. Fait des compliments.
F. Fait part de projets.
G. Recommande une formation.
H. Pointe des insuffisances.

Les principales formes juridiques des entreprises françaises

Formes juridiques	Entreprise individuelle	Société à responsabilité limitée (SARL)	Société anonyme (SA)	Société par actions simplifiée (SAS)
Caractéristiques	« Je n'ai pas besoin de beaucoup d'argent. J'accepte de ne pas être salarié. Je veux un minimum de formalités à la création. »	« J'ai peu d'associés et peu de capital à investir au départ. Je veux limiter les contraintes administratives dans ma gestion. »	« J'ai réuni des investisseurs autour de moi. J'ai de grandes ambitions pour mon entreprise. »	« Je recherche une structure souple, bien adaptée à une entreprise innovante. Je veux pouvoir organiser librement le fonctionnement de mon entreprise. »
Quel est le nombre d'associés ?	Entrepreneur individuel.	– Minimum : **2** (1 pour l'EURL*). – Maximum : **100**.	Minimum : **7**.	**1** personne physique ou morale.
Quel est le montant minimum du capital ?	Aucun.	– Pas de montant minimum. Il est fixé par les associés. – Le capital est divisé en **parts sociales** cessibles** avec l'accord des associés.	– **37 000 €** minimum. – **225 000 €** si appel public à l'épargne. – Le capital est divisé en **actions** librement cessibles.	– Pas de montant minimum. – Le capital est divisé en **actions** librement cessibles.
Qui dirige ?	Le chef d'entreprise.	Un ou plusieurs gérants.	Deux modes d'administration : – un conseil d'administration (3 à 18 membres actionnaires avec un président-directeur général [PDG]), – ou un directoire (1 à 5 membres).	Obligation de nommer un président.
Quelle est la responsabilité financière du ou des associés ?	L'entrepreneur est responsable des dettes de l'entreprise sur ses biens personnels (avec possibilité de protéger sa résidence principale).	Responsabilité limitée au montant des apports de capital dans la société.		

* EURL (entreprise unipersonnelle à responsabilité limitée) : lorsqu'il n'existe qu'un seul associé.
** Cessible : que l'on peut céder, vendre.

> D'après les caractéristiques décrites dans le tableau, dites quels sont les avantages et les inconvénients des différentes formes juridiques des sociétés françaises. Discutez-en avec votre groupe.
> Comparez les formes juridiques de société qui existent dans votre pays.
> Quelle est la forme juridique de société la plus courante dans votre pays ?
> Échangez avec votre groupe.

L'entretien d'évaluation

De plus en plus d'entreprises françaises utilisent des procédures d'appréciation du travail. La plupart d'entre elles organisent des entretiens d'évaluation en fin d'année. Les augmentations de salaire dépendent de ces entretiens. C'est le moment approprié pour parler salaire, mais les Français sont souvent embarrassés quand il faut parler d'argent.

En France, il n'est pas dans les habitudes de parler de son salaire. C'est encore un sujet tabou. On ne connaît pas, par exemple, le salaire exact de ses collègues ou de ses amis. Bien qu'il existe des grilles de salaire, pour un même poste et dans une même entreprise, les rémunérations peuvent varier.

Il existe des possibilités pour récompenser des salariés performants sans augmenter le salaire : les bonus sur objectifs, l'intéressement aux résultats de l'entreprise, les assurances complémentaires santé, les logements et les voitures de fonction, ou encore les ordinateurs ou les téléphones portables.

Aussi est-il important de bien préparer son entretien d'évaluation.
Voici quelques conseils à suivre.

➤ **Préparez la réunion** en établissant une liste de vos points forts et de vos points faibles, ainsi que les axes d'amélioration et d'évolution.

➤ En fonction de votre poste et des résultats obtenus, **illustrez votre point de vue** avec des éléments précis et concrets : chiffre d'affaires, nombre de contrats conclus, développement du portefeuille de clients, délais de réalisation de projets, économies réalisées, résultats de l'équipe à laquelle vous appartenez. Veillez à vous en tenir aux faits et aux chiffres et à ne pas discuter de questions de personnalité.

➤ **Sachez accepter la critique :** l'entretien a pour objectif de vous accompagner dans la maîtrise de vos fonctions.

➤ **Participez activement à l'entretien** et écoutez votre interlocuteur : répondez aux questions et ne restez pas vague. Analysez au préalable les causes de vos échecs comme de vos réussites pour construire un argumentaire objectif.

> L'entretien d'évaluation est-il une pratique utilisée dans votre entreprise ? dans votre pays ? Avez-vous déjà eu ou fait passer un entretien d'évaluation ? Que pensez-vous de cette pratique ? Quels en sont les avantages et les inconvénients ? Quels conseils donneriez-vous ? Échangez avec votre groupe.

>>> CAS PRATIQUE >>> CAS PRATIQUE >>> CAS PRATIQUE >>>

> Comment se fait l'augmentation des salaires dans votre pays ? Quels sont les critères pris en compte ? Parlez-vous du salaire avec vos collègues ou avec vos amis ?
> Existe-t-il des alternatives à l'augmentation du salaire pour récompenser un employé performant (bonus, intéressement...) ? Échangez avec votre groupe.

UNITÉ 1 (page 21)

1. Compréhension écrite
Forum www.lapecheautavail.com
Alain : 3, 5 – Claire : 1, 2 – Francis : 1, 5 – Thomas : 2, 3, 4, 6.

2. Compréhension orale
Dans une entreprise.
1. D – 2. H – 3. A – 4. C – 5. E.

UNITÉ 2 (page 37)

1. Compréhension écrite
Une expatriation réussie. ▶

2. Compréhension orale
En réunion.
1. H – 2. F – 3. E – 4. A – 5. C.

Fiche d'identité

Nom de l'entrepreneur : François Capurro.
Formation : école de commerce.
Expérience professionnelle :
– 2001 : commercial export en Chine.
– 2002-2005 : auteur de guides touristiques à l'attention des Chinois.
– 2006 : création d'une entreprise.
Pays d'expatriation : Chine.
Activité de l'entreprise : fabrication et vente de mobilier pour les boutiques de luxe.
Clients : les grandes marques européennes de luxe.

UNITÉ 3 (page 53)

1. Compréhension écrite
Cas d'entreprise.
1. (?) – 2. Faux – 3. Faux – 4. Vrai – 5. Faux –
6. Vrai – 7. Faux – 8. Vrai.

2. Compréhension orale
Une enquête de satisfaction. ▶

ENQUÊTE DE SATISFACTION

1. Premier achat : non.
2. A connu le produit par : un autre consommateur.
3. Fréquence d'utilisation : souvent.
4. Commentaires positifs sur le produit :
– efficace, facile à utiliser.
Commentaires positifs sur l'emballage :
– format pratique, facile à ranger.
5. Commentaires négatifs sur le produit :
– pas biologique, un peu cher / le plus cher.
Commentaires négatifs sur l'emballage :
– pas très original, un peu triste.

UNITÉ 4 (page 69)

1. Compréhension écrite
Des idées vertes.
1. D – 2. B – 3. C – 4. A – 5. A – 6. D – 7. C – 8. B.

2. Compréhension orale
Un sondage écolo.
Personne 1 : non.   *Personne 4 :* non.
Personne 2 : oui.   *Personne 5 :* oui.
Personne 3 : ne se prononce pas.

UNITÉ 5 (page 85)

1. Compréhension écrite
Des courriels à la pelle.
1. c – 2. b – 3. a – 4. d.

2. Compréhension orale
À chacun son discours.
1. E – 2. A – 3. F – 4. C – 5. D.

UNITÉ 6 (page 101)

1. Compréhension écrite
Une bonne organisation.
1) ▶

Ordre	1	2	3	4
Paragraphe	c	b	d	a
Sous-titre	Le salon qu'il vous faut	Un emplacement stratégique	Un stand dynamique	Des suites à donner

2) *Paragraphe c :* demander des données aux organisateurs.
Paragraphe b : choisir et réserver l'emplacement du stand.
Paragraphe d : prévoir un écran, des cadeaux, une plaquette, des fiches contact.
Paragraphe a : faire un compte rendu et contacter les personnes intéressantes.

2. Compréhension orale
De bonnes intentions.
1. D – 2. C – 3. H – 4. A – 5. F.

UNITÉ 7 (page 117)

1. Compréhension écrite
Encore des problèmes !
1. a – 2. b – 3. c.

2. Compréhension orale
Au service des ventes.
1. D – 2. F – 3. H – 4. C. – 5. A.

UNITÉ 8 (page 133)

1. Compréhension écrite
Revue de presse.

Titres	1	2	3	4	5
Extraits	e	d	b	a	c

2. Compréhension orale
Que d'erreurs !

N° 102   COMPTE RENDU de RÉUNION   Date : 25 mai 20…

Participants : Laure Denisot – ~~Didier Lafronde~~ *(excusé)* – Patricia Sibrac – Julie Vernier.

Points abordés :

1. Indicateurs
– Beaucoup d'inscriptions en janvier.
– Mise en place de nouveaux cours de spécialité.
– ~~Diminution~~ **Augmentation** du nombre d'étudiants dans les ateliers.

2. ~~Quatre~~ Trois groupes de travail
– « Création de matériel » piloté par Noura.
– « Expérimentation de nouvelles méthodes » piloté par Jean-Michel.
– ~~« Recherche de nouveaux clients » piloté par Didier.~~ *(On n'en parle pas dans le dialogue.)*
– « Développement des cours en entreprise » piloté par Sophie.
   → ~~Il faut trouver des partenaires.~~ **Il faut faire de la publicité.**
   → Il serait intéressant de faire une enquête auprès des entreprises pour connaître les besoins.

3. Missions
– Trois demandes de missions importantes en ~~mai~~ **juin**.
– Pas de formateur disponible pour Bruxelles.
– Contacter Delphine pour les ~~contrats des stagiaires~~ **l'organisation de la mission.**

Prochaine réunion : ~~date à fixer~~ **le 27 février**.

UNITÉ 9 (page 149)

1. Compréhension écrite
Conflits.

La situation aujourd'hui :
1. On constate qu'il y a moins de journées de grève dans les entreprises.
2. Il y a un changement dans la manière de montrer son mécontentement.
3. On remarque qu'il y a moins de paralysie de l'entreprise et d'arrêts de l'activité.
4. La grève n'est plus le principal mode d'expression d'un conflit collectif.
5. Les conflits sont plus courts et plus ciblés.

Les raisons du changement :
1. Les conflits peuvent coûter cher aux salariés.
2. La mondialisation.

Les nouveaux modes d'expression :
1. Organisation de débrayages systématiques, c'est-à-dire d'arrêts inférieurs à la journée.
2. Utilisation des nouvelles technologies d'information et de communication (blogs, sites, forums).

2. Compréhension orale
Réagir face à une démission.

1 – 2 – 6 – 7 – 9 – 11.

UNITÉ 10 (page 165)

1. Compréhension écrite
Tous en forme !
Club A : 1 – Club B : 3 – Club C : 6 – Club D : 5.

2. Compréhension orale
La parole est à vous.
1. H – 2. A – 3. F – 4. E – 5. C.

UNITÉ 1

Testez-vous 2 (p. 21)

Dans une entreprise.

Personne 1 : Dis donc, est-ce que tu sais que nous allons avoir un nouveau chef des ventes ? Didier prend un poste à l'étranger.

Personne 2 : Quelle histoire ! Tu sais comment c'est arrivé ? Qu'est-ce qu'il a fait pour avoir un arrêt de travail si long ? C'est grave ?

Personne 3 : Bienvenue Emmanuel. Voilà votre bureau. Nous allons travailler ensemble sur le nouveau projet.

Personne 4 : Tu as passé de bonnes vacances ? Tu t'es bien reposé ? La reprise n'est pas trop difficile ?

Personne 5 : Est-ce que je peux vous présenter monsieur Tran ? C'est notre correspondant au Vietnam, il est de passage en France. Il va assister à notre réunion cet après-midi.

UNITÉ 2

Testez-vous 2 (p. 37)

En réunion.

Personne 1 : Si vous n'avez pas d'autres questions, ce sera tout pour aujourd'hui. Nous nous reverrons la semaine prochaine pour faire le point sur le projet. Je vous remercie.

Personne 2 : Tout d'abord, nous allons faire la liste des personnes intéressées par la formation. Ensuite, nous étudierons les candidatures, et après nous ferons le planning de formation.

Personne 3 : Nous avons beaucoup moins de congés qu'en France et les horaires sont plus longs. Nous terminons souvent tard le soir. Nous devrions demander une prime plus élevée.

Personne 4 : Nous sommes réunis pour parler de l'installation du nouveau système informatique. Vous avez tous reçu une documentation ? Tout le monde est là ? On peut commencer.

Personne 5 : Nous souhaiterions délocaliser nos activités informatiques en Inde. Nous envisageons de construire une nouvelle unité de production pour baisser nos coûts, ce qui nous permettrait de prendre des parts de marché à la concurrence.

UNITÉ 3

Testez-vous 2 (p. 53)

Une enquête de satisfaction.

L'enquêteur : Bonjour madame, c'est pour une enquête. Vous avez deux minutes ?

La cliente : Oui, allez-y.

L'enquêteur : Vous venez de prendre le produit *Tibon* dans votre caddie. Comment avez-vous connu ce produit ? Par la publicité ?

La cliente : Non. Avant, j'utilisais une autre marque, mais je n'étais pas vraiment satisfaite et je voulais en changer. C'est une amie qui me l'a recommandé, alors j'ai voulu l'essayer.

L'enquêteur : Ce n'est pas la première fois que vous l'achetez ?

La cliente : Non, c'est la deuxième ou la troisième fois. Ce produit est efficace et facile à utiliser. Je m'en sers tous les jours pour l'entretien de ma maison.

L'enquêteur : Il n'a que des qualités alors ?

La cliente : Il a juste un défaut, il n'est pas biologique et c'est dommage !

L'enquêteur : C'est important pour vous ?

La cliente : Oui. On doit protéger l'environnement !

L'enquêteur : Et que pensez-vous de son emballage ?

La cliente : Euh, pas très original et un peu triste, mais le format est pratique. Facile à ranger.

L'enquêteur : Une dernière question, madame. Que pouvez-vous dire de son prix ?

La cliente : C'est un peu cher !

L'enquêteur : Mais c'est un produit haut de gamme !

La cliente : C'est vrai, mais j'ai comparé avec d'autres produits similaires et c'est le plus cher.

UNITÉ 4

Testez-vous 2 (p. 69)

Un sondage écolo.

Personne 1 : Notre société a mis en place le covoiturage. Je voudrais bien en profiter, mais pour moi c'est impossible. J'habite trop loin et puis je n'ai pas de collègue qui habite près de chez moi. Donc, je suis obligé de prendre ma voiture.

Personne 2 : Dans notre entreprise, nous avons seulement des fournitures de bureau rechargeables et réutilisables : les stylos, les cartouches d'imprimantes. Nous utilisons aussi du papier recyclé pour tous nos documents.

Personne 3 : En fait, on n'a pas toujours le choix. Ça dépend du boulot qu'on fait. Si vous travaillez dans l'industrie, vous n'avez pas les mêmes problèmes que si vous travaillez dans une société de services.

Personne 4 : Oui, je sais… je devrais éteindre mon ordinateur quand je vais déjeuner… mais je ne le fais pas. C'est comme la climatisation, il faudrait que je pense à la régler. J'ai souvent trop chaud ou trop froid.

Personne 5 : Ici, les déplacements professionnels sont limités au maximum. Avec tous les moyens technologiques pour communiquer : le téléphone, le courrier électronique, la vidéoconférence, c'est facile de gagner du temps et d'économiser de l'énergie.

UNITÉ 5
Testez-vous 2 (p. 85)
À chacun son discours.

Personne 1 : Nous avons prospecté le marché asiatique et les perspectives sont très prometteuses. Nous venons d'ouvrir un bureau de représentation à Shanghaï et nous avons déjà signé plusieurs contrats.

Personne 2 : C'est vraiment scandaleux. J'ai payé un abonnement à Internet et je ne suis toujours pas connectée. Je suis furieuse. On m'avait garanti que je serais connectée dans les huit jours et ça fait maintenant quinze jours que j'attends.

Personne 3 : J'envisage de prendre une année sabbatique pour partir à l'étranger. J'ai l'intention de travailler pour une ONG. Je suis déjà parti au Cambodge pendant mes congés pour donner des cours d'informatique, et je tiens à renouveler cette expérience.

Personne 4 : Puisqu'il faut quelqu'un pour représenter la société à la conférence de Montréal, je vais être obligée de m'y rendre. Comme je serai absente la semaine prochaine, il faudra reporter tous mes rendez-vous et prévoir une réunion à mon retour.

Personne 5 : Je suis aussi de votre avis. Monsieur Hervé est tout à fait capable de relever le défi. Les négociations vont sûrement être très difficiles, mais il a les capacités pour enlever le marché face à la concurrence. Donc c'est entendu : vous signez l'ordre de mission.

UNITÉ 6
Testez-vous 2 (p. 101)
De bonnes intentions.

Personne 1 : Bonjour, c'est Jacques. Je vous appelle pour vous rappeler que vous êtes attendu la semaine prochaine à l'inauguration du nouveau service. Il y aura un petit pot où tout le monde est convié. Merci de confirmer votre présence auprès de Léonie. Au revoir.

Personne 2 : Alors, je récapitule. Mickaël tu t'occupes des invitations. Je te reprécise la date, c'est le 30 juin toute la journée. Claire et Gilles s'occuperont du mobilier et Pierre sera en charge de contacter tous nos partenaires. Il faudra également penser aux affiches. Je pense que je vais demander à Sylvie de le faire.

Personne 3 : En fait, M. Marchand m'a invité au restaurant. Nous travaillons souvent ensemble et il voulait que je lui parle de mon service et de l'organisation du prochain salon. Nous avons bien discuté, bien mangé et bu un très bon vin. J'ai passé une très bonne soirée.

Personne 4 : J'ai adoré travailler avec vous et je suis un peu triste de partir. J'ai rencontré ici des gens vraiment sympas qui m'ont bien aidée, et qui m'ont expliqué le travail et l'organisation du service. Pour une stagiaire c'est important. Merci à vous tous, merci d'avoir organisé ce petit pot de départ. Je suis émue et très touchée.

Personne 5 : Quel accueil et quel service ! Quand j'ai eu mon problème au bras. J'y suis allé. C'est ultramoderne et très bien équipé. En plus, ils proposent des chambres individuelles très confortables et le personnel est vraiment sympathique. Dernière chose aussi : on y mange très bien et ça, c'est important non ?

UNITÉ 7
Testez-vous 2 (p. 117)
Au service des ventes.

Personne 1 : Écoutez, nous sommes aujourd'hui le 18 mai. Vous deviez me livrer les articles il y a plus d'une semaine. Or, je n'ai toujours rien reçu et je vais certainement manquer des ventes à cause de vous. Que comptez-vous faire ?

Personne 2 : Il est inadmissible que vous promettiez une remise si ensuite vous changez d'avis. J'avais l'intention d'acheter cette voiture parce que vous me consentiez 10 % de réduction, et maintenant vous me dites que vous ne pouvez baisser le prix que de 5 %. C'est tout à fait anormal. Je vais aller voir la concurrence.

Personne 3 : Je suis vraiment désolé. C'est la première fois que ça arrive avec ce modèle. Nous n'avons jamais eu de réclamation pour ce type de téléphone. C'est vraiment le plus fiable sur le marché. Je vais voir ce que je peux faire et je vous rappelle pour vous tenir au courant.

Personne 4 : Vous êtes vraiment de mauvaise foi. Le circuit de voyage ne correspondait pas du tout à la description de votre brochure, et en plus, les hôtels ne correspondaient pas à la catégorie indiquée. Si vous ne me remboursez pas le voyage, je serai obligée d'engager une procédure.

Personne 5 : Tous nos appareils sont garantis « pièces et main-d'œuvre » pendant un an. Si vous avez un problème, vous appelez notre service après-vente qui est ouvert sept jours sur sept de 9 heures à 18 heures 30. Le numéro de téléphone se trouve sur la brochure.

UNITÉ 8
Testez-vous 2 (p. 133)
Que d'erreurs !

– Alors, comment s'est passée la réunion ? Tout le monde était là ?

– Non, Didier s'est excusé. Il avait un rendez-vous important à l'extérieur.

– De quoi vous avez parlé ?

– Laure a commencé par nous donner des informations sur le nombre d'étudiants et le démarrage des nouveaux cours de spécialité. Elle nous a dit que le nombre d'étudiants dans les ateliers avait augmenté.

– Vous avez parlé des groupes de travail ?

– Oui. Trois groupes ont été mis en place. Ils concernent les cours, les méthodes et le matériel.

– Il n'y a rien sur la formation professionnelle ?

– Non. On a surtout parlé du développement des cours en entreprise parce que ça ne marche pas très bien.

– Quelles solutions avez-vous trouvé ?

– Julie a proposé d'interroger les entreprises et de faire plus de publicité.

– Il y a des formateurs en mission en ce moment ?

– Ce mois-ci non, mais on a trois demandes pour le mois de juin. Deux en France et une autre à Bruxelles. On cherche quelqu'un pour celle de Bruxelles. Tu ne veux pas y aller ?

– Pourquoi pas, je vais réfléchir. Qui se charge de l'organisation de cette mission ?

– C'est Delphine, il faut que tu la contactes.

– Et vous avez fixé la date de la prochaine réunion ?

– Oui, ce sera le 27 février. Tu seras là, j'espère !

UNITÉ 9
Testez-vous 2 (p. 149)
Réagir face à une démission.

Mme Garnier : Peut-on encore retenir quelqu'un qui veut démissionner ?

Le consultant : Oui, parfois un salarié qui veut s'en aller peut en réalité vouloir rester. Souvent il exprime ses problèmes afin que vous trouviez des solutions pour qu'il reste.

Mme Garnier : L'écoute est donc essentielle ?

Le consultant : Oui. Je ne crois pas que ce soit le moment de formuler des reproches. Si le collaborateur est en colère contre la direction de l'entreprise, veillez à l'écouter et à l'encourager, et ne prenez surtout pas de décision précipitée.

Mme Garnier : Mais, pourquoi ?

Le consultant : Ce premier entretien doit être l'occasion pour vous d'en apprendre beaucoup sur votre équipe et sur les problèmes qu'elle rencontre. Programmez un second rendez-vous dans les 24 ou 48 heures pour vous permettre de réfléchir à votre stratégie.

Mme Garnier : Quelles sont les stratégies possibles ?

Le consultant : Premier cas, vous souhaitez garder votre salarié. Si le problème est d'ordre relationnel, réorganisez la mission pour que le collaborateur n'ait plus à travailler avec les mêmes personnes. Si le salarié veut vous quitter pour un poste mieux payé, proposez-lui une augmentation, une prime ou des avantages en nature.

Mme Garnier : Et quel est le deuxième cas ?

Le consultant : Ce départ vous arrange et vous aviez déjà pensé à vous séparer de cette personne. Dans ce cas, ne montrez pas vos sentiments et laissez la personne penser que son départ vous ennuie. Elle sera plus coopérative pour trouver des solutions pour son remplacement.

Mme Garnier : Est-il important que la personne parte dans de bonnes conditions ?

Le consultant : Oui. Discutez des conditions de départ et facilitez-le. N'hésitez pas à faire comprendre à la personne que vous comptez sur elle pour aider son ou sa remplaçante. Pensez aussi à réunir rapidement votre équipe pour faire une annonce collective de ce départ.

UNITÉ 10
Testez-vous 2 (p. 165)
La parole est à vous.

Personne 1 : Je ne comprends pas pourquoi on nous a donné cette salle de formation. Elle est sous-dimensionnée et sombre. En plus, il y a trop de tables, alors on manque d'espace pour se déplacer. Par ailleurs, il n'y a que deux fenêtres et la lumière passe mal.
Ils auraient dû nous donner l'autre salle. Elle est beaucoup plus adaptée aux grands groupes.

Personne 2 : En ce moment, nous sommes débordés. Nous sommes en retard sur tous nos dossiers et nous avons vraiment beaucoup de travail, mais nous faisons notre possible pour finir ce que nous avons commencé, et nous nous efforçons de répondre rapidement à notre clientèle.
Nous espérons que ça ira mieux quand la direction aura embauché deux nouveaux collaborateurs.

Personne 3 : Je tenais à vous annoncer que notre budget a augmenté de 15 %. C'est vraiment une excellente nouvelle car cela nous permettra d'investir dans du matériel et dans la formation de nos collègues. Dès qu'on aura défini les priorités on planifiera les actions à réaliser, et je vous tiendrai au courant du calendrier dès que le comité de direction se sera réuni.

Personne 4 : Sophie, je voulais vous féliciter. Vous êtes autonome et très disponible et vous ne craignez pas de travailler d'arrache-pied quand il le faut. En plus, vous êtes compétente dans votre domaine et vous avez un excellent contact avec la clientèle. La seule chose qu'on peut vous reprocher c'est votre difficulté à travailler en équipe. Il faudra que vous fassiez des efforts pour cela, car c'est important pour le bon développement de notre centre de formation.

Personne 5 : Ce poste serait une véritable promotion pour toi. Il te permettrait d'une part d'évoluer dans ta carrière et d'autre part de découvrir d'autres perspectives. Je suis sûre que tu as les capacités pour ce genre de fonction, et je suis persuadée que tu peux apporter beaucoup à l'entreprise. Tu devras sûrement travailler beaucoup plus mais, crois-moi, ça en vaut vraiment la peine. En plus, il est probable que grâce à ce travail tu pourras voyager.

MÉMENTO DES ACTES DE PAROLE

Entrer en contact

Interpeller / attirer l'attention de quelqu'un
(Prénom) / Madame / Mademoiselle / Monsieur...
S'il vous plaît... / Excusez-moi...
Dis-moi... / Dites-moi...
Dis donc... / Au fait... / À propos...

Accueillir
Bienvenue chez...

Présenter quelqu'un
Cathy, je te (vous) présente...
Je voudrais te (vous) présenter
Est-ce que je peux te (vous) présenter *Carlos Torres* ?
Tu ne connais pas... / Vous ne connaissez pas *Carlos Torres*, je crois.
... voudrait faire ta (votre) connaissance.

Demander des nouvelles
Comment vas-tu ? / Comment allez-vous ?
Ça va ?
Vous allez bien ?
• *Au retour d'un voyage / des vacances :*
Comment s'est passé votre voyage... ?
Comment se sont passées vos vacances... ?
Tu as (vous avez) passé de bonnes vacances ?
Ça s'est bien passé ?
La reprise n'est pas trop difficile ?

Parler d'un état physique ou mental
Je vais bien.
Je suis en (super) forme. / J'ai la pêche (familier).
Je suis de bonne humeur.
Je suis fatigué(e) / déprimé(e).
Je n'ai pas trop le moral.

Demander des nouvelles de quelqu'un
Comment va... ?
Comment va son moral / sa jambe ?
Tu as / Vous avez des nouvelles de... ?

Donner des nouvelles de quelqu'un
Elle / Il va bien / mieux / mal.
Ça va. / Ce n'est pas terrible.
Il / Elle est malade.

Demander des explications sur un événement
Comment c'est arrivé ? / Qu'est-ce qui (lui) est arrivé ?
Comment ça s'est passé ?
C'est grave ?

S'exprimer

Exprimer un souhait ou une intention
Je souhaite...
J'aimerais / Je souhaiterais...
J'envisage de...
Je prévois de...

Exprimer sa volonté
Je souhaite que...
Je veux / Je ne veux pas que...
Je tiens à...

Dire son intérêt
J'ai lu votre... sur... avec intérêt.
... a retenu mon attention.
Votre... m'a bien amusé / m'a donné à réfléchir.
Ce qui m'a surtout plu ce sont...
J'ai trouvé le (votre) dossier très intéressant / remarquable.
J'ai été impressionné(e) par...

Apporter un avis / exprimer une certitude
Je trouve que...
À mon avis,...
Moi, je pense que...
Je suis sûr(e) / certain(e) que...

Exprimer la crainte
Je crains que...
J'ai bien peur que.....

Se plaindre
Ce n'est quand même pas normal.
C'est la deuxième fois que ça arrive.
Comment ça ? (familier)
Vous plaisantez !
C'est scandaleux !

Indiquer son exaspération
Je n'en peux plus !
J'en ai (vraiment) assez !
C'est insupportable !
Je suis furieux(se).
Il est inadmissible de / que...
Il est inacceptable de / que...
C'est vraiment pénible !
Il est anormal que...

Dire des sentiments
Je suis vraiment touché(e) que...
Je suis triste de / que...
Je suis très ému(e) de / que...
Je suis heureux(se) de / que...

Informer

Rapporter des paroles / des propos
Il dit / Il a dit que...
Il a annoncé / expliqué / ajouté que...
Il a promis / assuré que...
Il demande / a demandé } si... / où... / quand...
Il veut / voulait savoir } ce que... / comment...
Il vous demande de...

Indiquer l'origine d'une information

Selon...

... indique / indiquait que...

D'après certaines de nos sources...

Rapporter une information non confirmée

Ce sont des informations à prendre avec prudence / précaution / des pincettes.

Des rumeurs semblent indiquer que...

Il paraît que... / On dit que... (oral).

Répondre

Répondre à des présentations

Ravi(e) de vous connaître.

Très heureux(e) de faire votre connaissance.

Accepter une proposition

Très bien.

Entendu.

D'accord.

Pas de problème.

C'est une excellente idée.

Ce n'est pas mal !

C'est bien !

C'est parfait !

Bonne idée, je n'y avais pas pensé.

Pourquoi pas ?

Confirmer des propos / des faits

C'est exact / vrai.

Tout à fait.

Je suis d'accord.

Je suis de cet avis.

Exprimer son désaccord

Je ne suis (absolument) pas d'accord.

Je ne suis pas de cet avis.

Réfuter des propos / des faits

C'est faux.

Ce n'est pas vrai.

Pas du tout.

Indiquer une réserve

C'est vrai, mais...

Ce n'est pas mal, mais...

Vous avez raison, mais...

Peut-être, mais...

Exprimer l'approbation

Je les comprends.

Ils ont raison.

À leur place, je ferais la même chose.

Renforcer une réponse positive ou négative

Malheureusement, oui / non.

Hélas, oui / non.

Si / Non, justement.

Heureusement, oui / non.

Répondre à une plainte

Je suis (vraiment) désolé(e) pour...

Désolé(e).

Je vous comprends.

Je ne peux rien faire de plus.

Je vais voir ce que je peux faire.

Accepter ou refuser une invitation

Pourquoi pas ?

Avec plaisir.

Je suis désolé(e), mais...

Différer une réponse

On verra.

Je vais réfléchir.

Exprimer sa reconnaissance

C'est très gentil à vous.

J'apprécie beaucoup.

Je vous remercie.

Vous avez bien fait.

Critiquer

... ne correspond pas à...

... est/sont sans intérêt / inintéressant(e)s.

... est/sont trop superficiel(e)s / inadapté(e)s.

Cela donne une fausse image de...

Exprimer un doute, un regret, une déception

Exprimer un doute

Je ne crois pas que...

Je ne pense pas que...

Je ne suis pas certaine que...

Je doute que...

Cela m'étonnerait que...

Exprimer un regret / une déception

Vous pouvez imaginer ma déception.

Je suis très déçu(e).

Si j'avais su...

Féliciter

Je tenais à vous féliciter (pour...).

Vous... et je vous en félicite !

Bravo (pour...) !

Félicitations (pour...).

Informer sur l'historique et les activités

Parler de la création d'une entreprise
J'ai décidé de monter / créer ma société.
Nous avons fondé / créé...
L'entreprise a été créée / fondée en... / par...
Peu de monde croyait à cette idée.
Rien ne m'a arrêté.
L'idée de... nous / m'est venue de...
Nous voulions faire quelque chose.

Parler de la politique (commerciale) de l'entreprise
Nous travaillons selon les principes de...
Nous nous engageons sur...
Nous réglons (toujours) d'avance.
Nous garantissons...
Nous finançons des...
Nous veillons à / au / aux...
Nous délocalisons...
Nous négocions...
Nous réduisons...
Nous avons acquis des parts de marché.
Nous avons racheté une société.

Parler de problèmes dans l'entreprise
Nous devons faire face à la concurrence.
La situation est catastrophique.
Les magasins sont en rupture de stock.
Le / La / Les... a / ont été fermé(e)s.
Le / Les... est / sont incompétent(s).
La clientèle est mécontente.
Le chiffre d'affaires a baissé.
Nous avons enregistré 30 millions de pertes.
La société a été rachetée.

Décrire des solutions
Nous avons dû changer...
Nous avons réglé les problèmes.
Un nouveau... a été adopté. / Un... a été mis en place.
Nous avons négocié un(e) / des...
Un nouveau... va bientôt être lancé.

Donner des informations dans un rapport d'activité
Les résultats de l'année sont excellents / (très) mauvais.
On a investi.
Aujourd'hui le groupe compte... magasins / filiales...
On a ouvert / fermé une filiale / un magasin.
On prévoit la signature / l'ouverture / le versement de...

Informer sur les conditions de travail et un conflit social

Parler des conditions de travail
J'ai un CDD / un CDI / un contrat d'expatriation.
Je suis en CDD.
Je travaille à temps plein / à mi-temps / à temps partiel.
J'ai des congés payés / des RTT / des jours fériés.
On nous donne des Ticket-Restaurant.
Je touche une indemnité.

Parler d'un conflit social
Les salariés sont en grève.
Ils sont opposés à... / Ils protestent contre...
Ils réclament...
Il y a eu une assemblée générale des salariés...
Ils ont décidé de... / Ils ont ralenti l'activité.
Ils ont organisé des moments de débrayages.
Une manifestation est prévue.
Ils ont entamé des négociations.

Téléphoner

Saluer et se présenter au téléphone
Bonjour, vous êtes sur la messagerie de... (+ nom).
Bonjour vous êtes bien en communication avec...
Bonjour, ici *Florence Chatel* de la société *Bioland*.
Bonjour.
Agence *Transtour*, bonjour. *Brigitte* à votre service.

Informer qu'on n'est pas disponible
Je suis actuellement absent(e).
Je ne suis pas disponible pour le moment.

Donner des instructions téléphoniques
Laissez-moi vos coordonnées.
Merci de laisser vos coordonnées.
Veuillez parler après le signal / bip sonore.
Pour déposer votre message...
Pour réécouter votre message, faites le 1.
Faites le 2. / Raccrochez.

Inviter à laisser un message
Vous pouvez nous / me laisser un message après le signal / bip sonore.
Laissez-moi un message, je vous rappellerai.

Exposer l'objet de l'appel
Je vous appelle au sujet de...
C'est au sujet de...

Accomplir des tâches

Parler du travail
J'ai du boulot. (familier)
Je suis débordé(e).
Je n'arrête pas.
Je réponds aux courriels / aux mails / au téléphone.
Je termine le classement des dossiers.
Je reçois les clients.
Je fais le tour des services.

Indiquer des actions commerciales

J'ai ouvert un bureau de représentation.
Je prospecte le marché français.
Je démarche les entreprises.
J'ai signé un (gros) contrat.

Travailler en équipe

Donner des instructions de travail

Veuillez appeler... / Appelez...
Merci de...
Demandez-lui de... / Reportez...
Il faudrait...
N'oubliez pas de...

Indiquer les rôles de chacun :

M... s'occupera de...
M... sera en charge de...
M..., vous vous chargez de... ?

Indiquer des qualités professionnelles

Vous êtes autonome / ponctuel(le) / disponible.
Vous êtes capable de... / Vous savez vous adapter.
Vous avez un excellent contact avec la clientèle.
Vous savez travailler en équipe.
Vous maîtrisez (bien)...

S'engager à faire quelque chose

Je... sans faute.
Vous pouvez compter sur moi.

Faire des propositions

Je peux...
J'ai pensé à...
Je suggère / propose de...

Donner des conseils

Il faut... / Il ne faut pas...
N'oubliez pas de...
Pensez à... / Souvenez-vous que...
Vous devriez...
Vous pouvez / pourriez...

Encourager à faire quelque chose

Ne craignez pas de...
N'ayez pas peur de...
N'hésitez pas à...

Suggérer

Que diriez-vous de...
On pourrait...
Il faudrait...
Ce serait bien...
Et si on / vous...
Pourquoi ne pas...
Si vous voulez, vous pouvez...
Vous devriez...

Ça vous plairait de... ?
Si vous avez le temps / la possibilité...
Si vous voulez, vous pouvez / vous pourriez...
Si ça vous intéresse...

Faire des recommandations

Il est important de...
Il vaut mieux... / Mieux vaut...
Il est préférable de...
Il est recommandé de...

Mettre en garde ou conseiller la vigilance

Prenez garde à...
Méfiez-vous de...
Faites attention à...
Veillez à... / Veillez à ce que...
Évitez de...

Inciter à donner des informations

J'aimerais avoir votre avis.
Te / Vous serait-il possible de me dire... ?
Pourriez-vous me donner l'adresse / les coordonnées... ?
Auriez-vous un bon tuyau... ? (familier)
Il ne vous a rien dit d'autre ?
Tenez-moi au courant / informé.
Merci de me tenir informé / au courant.

Préciser des faits et des actions nécessaires

Il faut (que)...
Il est nécessaire de / que...
Il est important de / que...
Il est indispensable de / que...
Il est impératif de / que...
Il est urgent de / que...
Il est obligatoire de / que...

Se réunir

Commencer une réunion

On peut commencer (?).

Faire remarquer un retard

On vous attendait.

Parler de la présence / de l'absence des personnes

Tout le monde est là ?
Il manque...

Annoncer l'ordre du jour

Nous sommes réunis pour...
Notre réunion a pour objet / a pour but de...
Aujourd'hui, nous devons :
→ nous mettre d'accord sur...
→ discuter / parler de...

Donner la parole

Nous allons écouter *madame Arnoux*.
Chacun pourra s'exprimer.

Rien à ajouter ?
Pas d'autres questions ?

Prendre la parole
Pardon...
Vous permettez ?
Je voudrais demander / apporter une précision.

Garder la parole
S'il vous plaît, je peux dire encore quelque chose ?
Je peux ajouter une chose ?
Je peux terminer... ?
Laissez-moi finir...

Inviter à s'exprimer
Quelles sont vos propositions / vos suggestions ?
Vous avez des suggestions ?
Tout le monde est d'accord ?
Quelqu'un à autre chose / quelque chose à suggérer / à dire ?
Et pour... on fait quoi ?
Qu'en pensez-vous ?

Clore une réunion
On a fait le tour (?).
Ce sera tout pour aujourd'hui.
C'est tout pour aujourd'hui (?).
Je vous remercie.

Faire un rapport / un exposé

Commenter des résultats / un graphique
D'après certaines de nos sources...
En examinant attentivement ce graphique,
on constate que...
Un examen approfondi des données indique /
montre que...
Une enquête a révélé que...
Le chiffre d'affaires réalisé en fin d'exercice :
→ s'élève à...
→ a augmenté / progressé / baissé.
→ est en hausse / en baisse de... %.
→ est resté stable / s'est stabilisé.
On remarque :
→ une augmentation / progression / croissance de... %.
→ un recul / une baisse / une diminution de...

Indiquer un ordre de grandeur, une proportion
... % (pour cent) de...
La plupart / la majorité / la totalité de...
Une dizaine / Une vingtaine de...
La moitié / Les deux tiers / Les trois quarts de...

Pointer des manques ou des dysfonctionnements
... n'est pas suffisamment exploité.
... sont sous-employé(e)s.
Il manque...

Il y a trop de...
Il n'y a qu'un(e) seul(e)...
... est sous-dimensionné(e).
... n'est ni efficace ni bénéfique pour...

Indiquer des efforts faits / à faire
Nous faisons notre possible pour...
Nous travaillons d'arrache-pied à...
Nous nous efforçons de...

Raconter le déroulement d'une formation
Nous avons d'abord travaillé sur...
Et puis, nous avons appris que...
Nous avons abordé les...
Le formateur nous a indiqué des techniques pour...
Par ailleurs, il nous a montré comment...
Pour conclure, nous avons vu en détail les spécificités de... et la manière de...

Discuter

Convaincre d'entreprendre quelque chose
D'une part cela (te) permettrait de...
D'autre part ce serait la meilleure façon de...
Je t'assure que tu ne le regretteras pas.
Je suis persuadé(e) que tu peux en retirer le maximum.
Crois-moi, ça en vaut vraiment la peine.

Introduire des explications ou des exemples
En effet... / Par exemple... / De même...
Cela veut dire que...
Ainsi...
C'est-à-dire que...

Vendre

Proposer de l'aide
Puis-je vous être utile ? / Puis-je vous aider ?
Que puis-je pour vous ?
Qu'est-ce que je peux faire pour vous ?

Parler de l'utilité d'un produit
C'est / Il est très pratique.
Il permet de...
Vous pouvez vous en servir comme / pour...
J'en ai besoin pour...
Vous pouvez l'utiliser pour...
C'est juste pour...

Vanter des prestations
Ils font le maximum pour...
Ils proposent de vrai(e)s...
Ils possèdent la / les plus grand(e)s...
Ils servent / proposent / offrent le / la meilleur(e)...
Ils servent / offrent / proposent :
→ le / la / les...
→ la / le / les plus ...(+ adjectif).

Ils sont les champions de...
Tout est fait pour...

Parler de conditions de vente
Avez-vous votre facture et votre bon de garantie ?
Je ne peux plus appliquer la clause de remboursement ou d'échange...
Il est sous garantie « pièces et main-d'œuvre ».

Informer sur une carrière, une démission, un problème de santé

Parler d'un parcours professionnel
Je suis arrivée à / au / en / chez..., il y a deux ans.
Ça fait... ans que je travaille
→ à / au / en... (+ ville ou pays).
→ chez... (+ nom de la société).
→ comme... (+ fonction).
J'occupe le poste de... depuis...
De... à..., j'ai travaillé en / au / à / chez... comme...
Je suis expatrié(e) depuis...
J'ai acquis de l'expérience.
J'ai fait carrière / J'ai travaillé dans... (+ domaine).
J'ai poursuivi une carrière à l'étranger.
Si j'obtiens le poste de responsable qualité, je pars.
Si on me proposait une promotion, je partirais.

Parler d'une démission
J'ai démissionné / donné ma démission.
J'ai un préavis.
Je négocie un départ anticipé.
J'ai reçu des indemnités de départ.
L'employeur va me payer des indemnités de départ.
J'ai rédigé / J'ai donné ma lettre de démission.
Je postule pour un autre poste.

Donner des informations à propos d'un problème de santé
Il est à l'hôpital / sorti de l'hôpital.
Il / Elle a eu une opération.
Il / Elle a un bras cassé / une jambe cassée.
Il / Elle a un plâtre. / Il / Elle a un arrêt de travail.
Il / Elle est en maison de repos.
Il / Elle doit rester allongé.
Il / Elle suit une rééducation.

Parler d'un voyage en avion
J'ai transité par...
L'avion décolle à ... heure.
Le vol est annulé.
Il y a eu un problème technique...
Je prends un vol international / un vol intérieur.
Je voyage en classe affaires / en classe économique.
Je m'enregistre. / J'enregistre les bagages.

Proposer de trouver une solution
Je vais voir ce que je peux faire.
Je vais me renseigner.

Proposer un arrangement
Exceptionnellement, nous acceptons de faire un échange.
Nous allons faire un geste commercial.

Je mets des étiquettes à bagages.
J'ai ma carte d'embarquement.
Je me présente avant l'embarquement / le décollage.
Je profite du service à bord.
Je regarde un film en vol.

Présenter un livre, un article, un dossier
Le livre / le dossier... dont je vais vous parler s'intitule...
Ce livre dont l'auteur / le contenu est... / s'adresse à...
Dans ce livre l'auteur raconte...
Ce livre est dans les meilleures ventes du mois.
Vous y trouverez des références / des conseils pour...

Vanter

Vanter une formation
Le contenu est vraiment très pragmatique.
L'organisme est très sérieux et compétent.
Tout se fait dans une ambiance très sympathique.
La méthodologie est propice aux échanges.
Le formateur est très pro. (familier)
On vous donne plein de documentation.

Vanter les attraits d'une région et de ses habitants
La nature y est grandiose.
Le paysage est magnifique / spectaculaire / extraordinaire.
Un site unique au monde.
On peut observer des centaines de...
Vous y serez reçu(e)s très chaleureusement.
Ça vaut le détour.
C'est vraiment une région à ne pas manquer.
C'est incontournable.

Décrire un appareil et un problème technique

Décrire un ordinateur et parler de ses fonctions
L'écran est petit / large.
Le disque dur a une faible / grande capacité.
Il a une batterie avec une autonomie de 3 heures 30.
La page d'accueil s'affiche rapidement.
Vous avez accès à des logiciels pour écrire des textes...
Il permet de se connecter facilement à Internet.
Je l'utilise pour surfer sur Internet.
Deux clics suffisent pour...

Expliquer un problème technique

Mon appareil est tombé en panne.
Tout s'est éteint.

Rédiger un courriel

Pour commencer

Madame, Monsieur.
Chère Madame, Cher Monsieur.
Bonjour.
Bonjour (+ prénom).

Pour conclure / remercier

Merci.
Merci de votre aide / de votre attention / de votre compréhension.

Pour prendre congé

Sincères salutations.
Cordialement.
Bien cordialement.
Bien à vous.
Bonne journée.

Rédiger un écrit professionnel

Faire référence

J'ai bien noté... au sujet de... / concernant...
J'ai bien reçu...
Le 3 juin, nous avons commandé...
À la lecture de...
J'accuse réception de...
J'ai constaté une erreur concernant...

Demander un renseignement / un service

Pourriez-vous... / Serait-il possible de... ?
Il faudrait...
Merci de...
J'aimerais / Je voudrais / Je désirerais...

Expliquer les motifs d'une réclamation

Les articles ne nous sont toujours pas parvenus à ce jour.
Vous avez débité la somme de... au lieu de...
Contrairement à vos conditions de vente...
Vous avez omis de déduire la remise de...
J'ai constaté les dommages suivants : ...

Demander une suite

Nous comptons sur une livraison rapide.
En conséquence, je vous saurais gré de...
Nous attendons une nouvelle facture rectifiée.
Je vous prie donc de bien vouloir...

Indiquer des conséquences commerciales

Ce retard nous cause un important préjudice.
Nous ne pouvons pas honorer nos propres engagements.

Le déclencheur / bouton ne s'enfonçait plus.
Le / La... ne fonctionnait plus / ne marchait plus.

Parler d'un litige et de démarches juridiques

Nous demandons / Nous faisons faire une expertise.
Nous vous demandons de régler ce litige.
Nous avons un litige.
Nous portons l'affaire en justice.
L'affaire / Le dossier est entre les mains d'un avocat.
Notre avocat s'occupe de l'affaire / du dossier.
Nous allons engager / Nous engageons une procédure judiciaire.

Rassurer

Soyez assurée que...
Nous ferons tout notre possible pour (que)...

Présenter des excuses

Nous vous prions d'accepter toutes nos excuses.
Nous vous prions de nous excuser pour...
→ l'incident / le retard / le dommage / le désagrément subi / l'erreur...
Nous sommes désolés de...
Avec toutes nos excuses renouvelées.

Exprimer l'espoir de garder de bonnes relations

Nous espérons que vous continuerez à nous accorder votre confiance.

Prendre congé (formules de politesse)

Nous vous prions d'agréer, Monsieur / Madame, nos salutations distinguées.
Veuillez agréer, Madame / Monsieur,...
Nous vous prions de croire, Cher(ère) Client(e), à nos sentiments dévoués.
Je vous prie d'agréer, Monsieur le Directeur / Madame la Directrice, mes respectueuses salutations.

Rédiger une invitation

Inviter

Nous avons le plaisir de vous convier à / vous inviter à...
Vous êtes cordialement invité(e)s à...
Vous êtes attendu(e)s / convié(e)s à...

Indiquer le lieu et le moment

... se tiendra dans / à... à (+ heure).
... aura lieu à l'issue de...

Indiquer le thème et /ou le programme

Nous organisons...
L'après-midi, s'ouvrira sur / débutera par...
Des... se dérouleront tout le long de l'après-midi.

Demander de confirmer la présence

Inscrivez-vous par mail / courriel.
Merci de confirmer votre présence auprès de *Martine*.

Carte de France - Départements et régions

ROYAUME-UNI

PAYS-BAS

BELGIQUE

ALLEMAGNE

LUXEMBOURG

SUISSE

ITALIE

ESPAGNE

ANDORRE

Manche

océan Atlantique

mer Méditerranée

NORD-PAS-DE-CALAIS
59 Lille
PAS-DE-CALAIS
62
Arras
NORD
80 SOMME
Amiens
Charleville-Mézières
PICARDIE
HAUTE-SEINE-MARITIME
Rouen 76
Beauvais
OISE 60
Laon 02
AISNE
ARDENNES
CHAMPAGNE-
08
MANCHE
50
St-Lô
Caen 14
CALVADOS
NORMANDIE
Évreux
EURE 27
ÎLE-DE-FRANCE
78
Paris
SEINE-ET-MARNE
MEURTHE-ET-
Metz
MOSELLE
Bar-le-Duc
MOSELLE 57
Nancy
MARNE 51
Châlons-en-Champagne
55 54
BAS-RHIN
Strasbourg
67
BASSE-NORMANDIE
ORNE 61
Alençon
Chartres
Melun 91
Seine 77
ARDENNE
HAUTE-MARNE
Troyes
AUBE
Chaumont 52
Épinal 88
VOSGES
LORRAINE
ALSACE
HAUT-RHIN
Colmar
Rhin
St-Brieuc
FINISTÈRE
29
Quimper
CÔTES-D'ARMOR
22
Saint-Malo
ILLE-ET-VILAINE
35
Rennes
MAYENNE
Laval 53
SARTHE
Le Mans 72
EURE-ET-LOIR
28
Orléans
LOIRET 45
Auxerre
YONNE 89
CÔTE-D'OR
Dijon 21
HAUTE-SAÔNE
Vesoul 70
FRANCHE-COMTÉ
Besançon
DOUBS 25
TERRITOIRE
DE BELFORT
Belfort 90
HAUT-RHIN 68
BRETAGNE
MORBIHAN
56
Vannes
PAYS
DE LA
LOIRE
LOIRE-ATLANTIQUE
44
Nantes
MAINE-ET-LOIRE
Angers 49
INDRE-ET-LOIRE
Tours 37
CENTRE
Blois
LOIR-ET-CHER 41
CHER
Bourges
INDRE 36
Châteauroux
NIÈVRE
Nevers 58
BOURGOGNE
SAÔNE-ET-LOIRE
71
Mâcon
JURA 39
Lons-le-Saunier
85
La Roche-sur-Yon
VENDÉE
DEUX-SÈVRES
Niort 79
Poitiers
VIENNE 86
POITOU-CHARENTES
La Rochelle
CHARENTE-MARITIME
17
Angoulême
CHARENTE 16
VIENNE 87
HAUTE-VIENNE
Limoges
CREUSE
Guéret 23
LIMOUSIN
CORRÈZE
Tulle 19
ALLIER 03
Moulins
AUVERGNE
Clermont-Ferrand
PUY-DE-DÔME 63
LOIRE 42
Saint-Étienne
Lyon
RHÔNE 69
Bourg-en-Bresse
AIN 01
HAUTE-SAVOIE
Annecy 74
Bourg-Saint-Maurice
Chambéry
SAVOIE 73
RHÔNE-ALPES
Grenoble
ISÈRE 38
Valence
DRÔME 26
HAUTES-ALPES
Gap 05
Périgueux
DORDOGNE 24
CANTAL
Aurillac 15
HAUTE-LOIRE
Le Puy-en-Velay 43
ARDÈCHE 07
Privas
Bordeaux
GIRONDE 33
AQUITAINE
LOT-ET-GARONNE
47
Agen
LOT
Cahors 46
Rodez
AVEYRON 12
LOZÈRE
Mende 48
GARD 30
Nîmes
Avignon
VAUCLUSE 84
ALPES-DE-HAUTE-PROVENCE
Digne-les-Bains 04
PROVENCE-ALPES-CÔTE D'AZUR
ALPES-MARITIMES
Nice 06
LANDES
Mont-de-Marsan 40
GERS
Auch 32
TARN-ET-GARONNE
Montauban 82
MIDI-PYRÉNÉES
Toulouse
HAUTE-GARONNE 31
Albi
TARN 81
HÉRAULT 34
Montpellier
BOUCHES-DU-RHÔNE 13
Marseille
VAR 83
Toulon
CÔTE D'AZUR
Bayonne
PYRÉNÉES-ATLANTIQUES
Pau 64
Tarbes
HAUTES-PYRÉNÉES 65
Foix
ARIÈGE 09
AUDE
Carcassonne 11
LANGUEDOC-ROUSSILLON
Perpignan
PYRÉNÉES-ORIENTALES 66
mer
Bastia
HAUTE-CORSE 2B
CORSE
Ajaccio
CORSE-DU-SUD 2A
Méditerranée

Légende

— limite de région
▣ capitale régionale
— limite de département
• préfecture de département
○ autre ville

100 km

RÉGION ÎLE-DE-FRANCE

Cergy-Pontoise
VAL-D'OISE 95
Bobigny
Nanterre 93
Boulogne 92
Versailles 75 Paris
Créteil
94
YVELINES 78
SEINE-ET-MARNE 77
Évry
ESSONNE 91
Melun

92 HAUTS-DE-SEINE
93 SEINE-SAINT-DENIS
94 VAL-DE-MARNE

50 km

		Être	Avoir	Acheter	Aller	Boire
INDICATIF	**Présent**	je suis tu es il/elle/on est nous sommes vous êtes ils/elles sont	j'ai tu as il/elle/on a nous avons vous avez ils/elles ont	j'achète tu achètes il/elle/on achète nous achetons vous achetez ils/elles achètent	je vais tu vas il/elle/on va nous allons vous allez ils/elles vont	je bois tu bois il/elle/on boit nous buvons vous buvez ils/elles boivent
	Passé composé	j'ai été tu as été il/elle/on a été nous avons été vous avez été ils/elles ont été	j'ai eu tu as eu il/elle/on a eu nous avons eu vous avez eu ils/elles ont eu	j'ai acheté tu as acheté il/elle/on a acheté nous avons acheté vous avez acheté ils/elles ont acheté	je suis allé(e) tu es allé(e) il/elle/on est allé(e) nous sommes allé(e)s vous êtes allé(e)s ils/elles sont allé(e)s	j'ai bu tu as bu il/elle/on a bu nous avons bu vous avez bu ils/elles ont bu
	Imparfait	j'étais tu étais il/elle/on était nous étions vous étiez ils/elles étaient	j'avais tu avais il/elle/on avait nous avions vous aviez ils/elles avaient	j'achetais tu achetais il/elle/on achetait nous achetions vous achetiez ils/elles achetaient	j'allais tu allais il/elle/on allait nous allions vous alliez ils/elles allaient	je buvais tu buvais il/elle/on buvait nous buvions vous buviez ils/elles buvaient
	Plus-que-parfait	j'avais été tu avais été il/elle/on avait été nous avions été vous aviez été ils/elles avaient été	j'avais eu tu avais eu il/elle/on avait eu nous avions eu vous aviez eu ils/elles avaient eu	j'avais acheté tu avais acheté il/elle/on avait acheté nous avions acheté vous aviez acheté ils/elles avaient acheté	J'étais allé(e) tu étais allé(e) il/elle/on était allé(e) nous étions allé(e)s vous étiez allé(e)s ils/elles étaient allé(e)s	j'avais bu tu avais bu il/elle/on avait bu nous avions bu vous aviez bu ils/elles avaient bu
	Futur	je serai tu seras il/elle/on sera nous serons vous serez ils/elles seront	j'aurai tu auras il/elle/on aura nous aurons vous aurez ils/elles auront	j'achèterai tu achèteras il/elle/on achètera nous achèterons vous achèterez ils/elles achèteront	j'irai tu iras il/elle/on ira nous irons vous irez ils/elles iront	je boirai tu boiras il/elle/on boira nous boirons vous boirez ils/elles boiront
	Futur antérieur	j'aurai été tu auras été il/elle/on aura été nous aurons été vous aurez été ils/elles auront été	j'aurai eu tu auras eu il/elle/on aura eu nous aurons eu vous aurez eu ils/elles auront eu	j'aurai acheté tu auras acheté il/elle/on aura acheté nous aurons acheté vous aurez acheté ils/elles auront acheté	Je serai allé(e) tu seras allé(e) il/elle/on sera allé(e) nous serons allé(e)s vous serez allé(e)s ils/elles seront allé(e)s	j'aurai bu tu auras bu il/elle/on aura bu nous aurons bu vous aurez bu ils /elles auront bu
CONDITIONNEL	**Présent**	je serais tu serais il/elle/on serait nous serions vous seriez ils/elles seraient	J'aurais tu aurais il/elle/on aurait nous aurions vous auriez ils/elles auraient	J'achèterais tu achèterais il/elle/on achèterait nous achèterions vous achèteriez ils/elles achèteraient	J'irais tu irais il/elle/on irait nous irions vous iriez ils/elles iraient	Je boirais tu boirais il/elle/on boirait nous boirions vous boiriez ils/elles boiraient
	Passé	j'aurais été tu aurais été il/elle/on aurait été nous aurions été vous auriez été ils/elles auraient été	j'aurais eu tu aurais eu il/elle/on aurait eu nous aurions eu vous auriez eu ils/elles auraient eu	j'aurais acheté tu aurais acheté il/elle/on aurait acheté nous aurions acheté vous auriez acheté ils/elles auraient acheté	Je serais allé(e) tu serais allé(e) il/elle/on serait allé(e) nous serions allé(e)s vous seriez allé(e)s ils/elles seraient allé(e)s	j'aurais bu tu aurais bu il/elle/on aurait bu nous aurions bu vous auriez bu ils/elles auraient bu
SUBJONCTIF	**Présent**	que je sois que tu sois qu'il/elle/on soit que nous soyons que vous soyez qu'ils/elles soient	que j'aie que tu aies qu'il/elle/on ait que nous ayons que vous ayez qu'ils/elles aient	que j'achète que tu achètes qu'il/elle/on achète que nous achetions que vous achetiez qu'ils/elles achètent	que j'aille que tu ailles qu'il/elle/on aille que nous allions que vous alliez qu'ils/elles aillent	que je boive que tu boives qu'il/elle/on boive que nous buvions que vous buviez qu'ils/elles boivent
	Participe présent	étant	ayant	achetant	allant	buvant